木村　元
Hajime Kimura

学校の戦後史　新版

岩波新書
2056

学校の戦後史 新版

木村 元
Hajime Kimura

岩波新書
2056

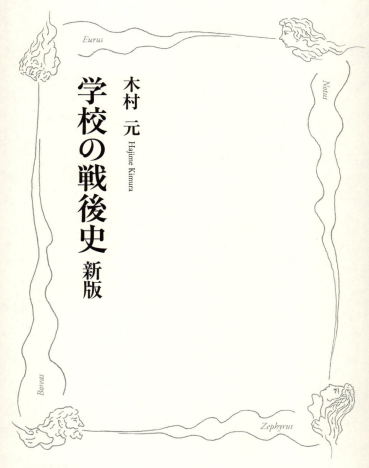

はじめに

本書の旧版は戦後七〇年を迎えた二〇一五年に上梓された。戦後を生きた一人ひとりと学校とのかかわりの集積をもとに、学校と社会の関係史を描いた「学校の戦後史」である。そこでは、近代学校の成立、「日本の学校」の形成期、戦後の直後から経済成長までの学校化社会、そこから明らかになった現代的な課題と、今後の方向性を模索している経済成長後の学校、さらにそれらを取り巻く社会の変遷を示した。

旧版から一〇年を経過したが、この間幸いにも多くの読者を得ることができ、本書では、戦後八〇年を迎えた地点で改めて叙述を試みる機会をえた。

学校をめぐるこの一〇年の動きはあまりにも大きなものであった。

「学校の戦後史」への大きなインパクトの一つは、人類史的な社会変動への対応の自覚化ということだろう。その象徴の一つは、旧版刊行翌年の二〇一六年一月に内閣府から発表された科学技術政策のひとつで第五期科学技術基本計画（二〇一六〜二一年）に盛り込まれたSociety5.0

である。Society5.0とは、狩猟社会（Society 1.0）、農耕社会（2.0）、工業社会（3.0）、情報社会（4.0）を経た、高度な情報社会に対応する「サイバー空間（仮想空間）とフィジカル空間（現実空間）を高度に融合させたシステム」による、「人間中心の社会（Society）」とされている。グローバル化していく社会の経済発展と、少子高齢化や地域格差などの社会変動に基づく社会的課題の解決との両立を目指すものである。

Society 5.0への動きは、教育にもドラスティックな変化を求めている。これまでのICT（情報通信技術）に対応するための「教育の情報化」という枠組みを超えて、学校教育のあり方自体にまで広げた対応を示す文部科学省の構想に、その現れをみることができる。

もう一つは、戦後の学校の枠組みを根幹から見直す議論が登場したことである。戦後の教育の最大の特徴は、教育を権利として位置づけ、その教育を機会均等の原理で組織化したことである。その前提には人びとにとっての学校の定着があった。みんなが学校に行くことを保障する、就学義務という枠組みでそれを確保しようとしたのである。しかし、教育機会確保法（二〇一六年）に至る過程の議論は、まさにその原理が自明ではないことを示すものであり、学校教育法に基づく戦後の義務教育を保障する法体系を問い直そうとするものであった。

さらに、二〇二〇年前後から大きな影響を与えたコロナ禍は、これまでの学校のあり方を深く問い直す契機となり、人類史的な社会変動や学校の見直しの動きに拍車をかける様相を呈している。

この一〇年の展開を踏まえて、改めて学校の戦後史を著すにあたって、具体的には以下のように構成し直した。すなわち、旧の第四章と終章を合わせて加筆しながら再構成して第四章とし、新たに第五章、終章を加えた。序章から第三章については、新しい研究も取り入れながら加筆し修正した。また、全編にわたってデータを新しくした。

旧版では、「日本社会一般において「戦後七〇年」という区切りは受け入れられているといえよう。しかし「戦後八〇年」を迎えるとき、そのことばは同じように共有されうるであろうか」と記した。新版は、「戦後八〇年」を目前にして、戦後世代の象徴でもあった団塊の世代が後期高齢者となる一方、ロシアのウクライナ侵攻、拡大する中東紛争など世界情勢の不安定さが契機となり「新しい戦前」が語られ、「戦後」が自明のこととはいえない状況の中での出版となった。この地点に立って本書が、八〇年近くにわたって社会からの要請にこたえてきた戦後の学校が今後はどこに向かおうとするかをとらえるための一助となれば幸いである。

目次

序章　就学・進学動向からみる戦後

——学校の受容と定着

近代の学校・日本の学校

戦後の新学制は、国内外にわたって膨大な犠牲をともなったアジア・太平洋戦争の体験とその戦争を積極的に支えた教育への反省と同時に、民主化と平等の希求とを背景としてつくりあげられた。戦後学制を象徴するもっとも重要な内容の一つが、義務制の新制中学校の導入である。義務制の中学校は、当時世界でもアメリカ以外には存在しておらず、戦後の混乱のなかで設置する困難さは想像に難くない。義務制中学校は、戦前までは小学校卒業後の進路ごとに分岐していた複線型の学校制度に対する人びとの不平等感を受け止めるように成立したともいえよう。

戦後の学校の象徴ともいうべき中学校をはじめとして、こんにち日本の学校は困難のなかにある。人びとの生活に定着したはずの学校において、学校に来ない子どもがめずらしくなくなり、「学級崩壊」といわれるような授業が成り立たない光景も各所でみられる。また、子どもたちの生活に深く入り込んだ情報化社会の進展や深刻ないじめ問題など、大人が子どもの生活を把握できない状況が広がる。他方、貧困問題が教育機会の格差を広げ、学校だけでは対応できない事態が数多くみられるなど、学校はこれまでにない動揺に見舞われている。

戦後の学校は、どのような歴史的展開を経て、現在に至ったのだろうか。

本書では、学校の歴史的な展開を、それぞれの時代の新たな課題に対応するため、学校が自らの姿を調整しながら内実を整えていった過程ととらえる。

その前提として、本書の対象である「戦後の学校」は、誰でもが行くことを前提とする近代の学校であることを確認しておきたい。近代以前にも文明社会の成立とともに学校の存在が確認されているが、それはその社会の支配層のためのものであり、誰にとっても必要なものとして設けられたわけではない。その意味で、「近代の学校」(以降、近代学校と称する)と近代以前のそれは区別して用いる。

近代学校の原形は、一八世紀末の産業革命下のイギリスに見出されるが、ある生産段階に至った社会に適応する人間をつくりあげるという近代社会の課題に対応するために生み出されたものである。近代学校のもっとも基本的な性格は、「教える」という文化伝達を軸にして、生活の場から距離をとって構成された特別の時空間に、対象となるすべての子どもを一定の期間収容するところにある。近代以前は、共同体社会(ムラ)の統治や職業技能の伝承など、新しい世代が先行の世代の文化を「学ぶ」ことで結果として人づくりが行われていた。実際には、ムラを生きることがそのまま人づくりにつながっており、圧倒的に長い期間はこのようなムラの人びとのなかに埋め込まれた人づくりが行われていた。これに対して学校は、「教える」という強い意図性に貫かれた特別な場での人づくりであった。

そのうえで注目するのは、「日本の学校」のあゆみである。これは、西洋でつくりあげられた近代学校を移入し、日本の社会に合うようにつくりかえていった過程を指す。近代学校といっても、所属する社会や文化によってその性格は大きく異なる。日本の社会のなかでつくりあげられた学校は、「日本の学校」としての独自の展開があったのである。

社会への出口としての学校

ここまで、「教育」ということばではなく「人づくり」ということばを用いてきた。学校は教育を行うところというのが一般的であるが、日本における近代の学校の出発時に、「被仰《おおせ》出書《いだされしょ》」として人口に膾炙《かいしゃ》された学制（学校）の説明文である学制布告書において、「教育」ということばは用いられていない。「教育」ということばは、学校の普及にともなって定着していったのである。

その決定的な役割を果たしたのが「教育ニ関スル勅語《ちょくご》」（教育勅語）であるといわれる。本書では、日本の「教育」概念は学校とともに独自に定着してきたという事実に基づいて、主として学校での教師の子どもへの働きかけに「教育」ということばをあてる。

一方、人づくりは、意図的な次世代の養成の総体ともいえるものである。しかし、ここで難しいのは、どこまでが意図的かという問題である。習慣や慣習は特定の人の意図を直接表すものではないが、年月を経て人びとの暮らしのなかに定着した共通の意図ともいえるものである。たとえば「笑われない人になれ」といういい方で人の行動を抑制することがある。笑うということが意図的か無意図的かの境界は微妙である。そうした曖昧な部分も含みながら広義の人づくりはなされている。

本書では、日本の社会が、学制発足以降、約半世紀をかけて、学校を受け入れ定着させてきたという点に注目する。先に述べたように、生活の時空間から切り離された「教える―学ぶ（教えられる）」という関係だけの独自の場をつくり維持することは容易ではなかった。一八七〇年代の学校導入の初期には、親にとって大事な働き手である子どもを連れていかれるうえ、小学校建築の費用や授業料まで徴収されることに反対して、学校の打ち壊しも起こっている。また、雇ったはずの教師がなかなか現れないという現実もあった。強制的な就学督促がなされても簡単には定着せず、この新しい制度や様式は、営々と築かれてきた人びとの生活にそう容易には受け入れられなかったのである。

これまで、学校は二〇世紀初頭には一般の人びとに受け入れられた、とする見解が広く共有されてきた。しかし、入学した子どもが卒業し次の学校に進学するという行動を、人びとの学校受容ととらえるならば、その時期は一九三〇年代まで下る。

人びとが「当たり前のこと」として学校を受け入れるには、学校と人びとの生活との接点を深め、さらに学校を教師と子どもの後述する「生きられる場」に変えていくことが必要であった。人びとの側から学校を受け入れるための土台が不可欠であったのである。

本書でみていく「戦後の学校」は、こうして日本社会で人びとが普通に通うことになった学校を念頭においているが、それは時期によって異なる。

大きくとらえるなら、戦前の学制下では(尋常《じんじょう》)小学校がそれにあたるが、戦後は義務化された中学校まで延長される。その後、高等学校(高校)への進学者が増え、一九六〇年代前半には

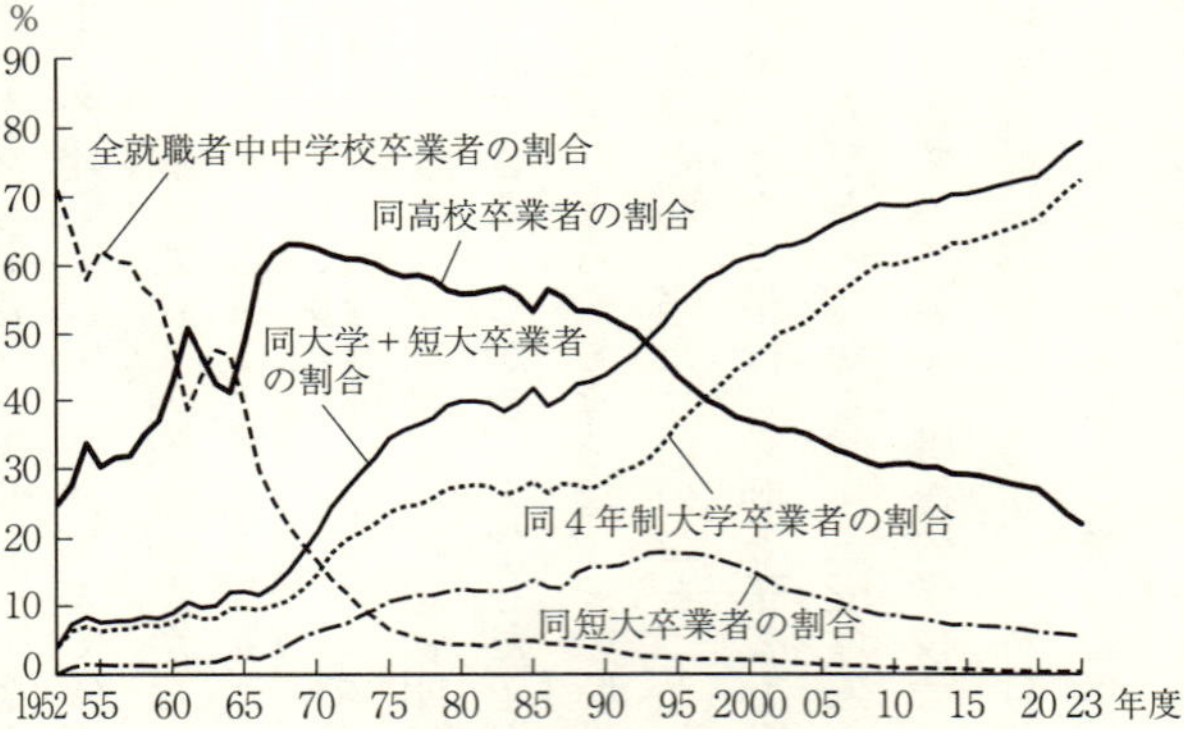

図 0–1　学校の「出口」の変遷

各年度の中学校から大学までのそれぞれの学校段階からの就職者をその年度の新規卒業後就職者の合計で除した割合.

出所)『学校基本調査報告書』

高校を卒業してから社会に出る人の割合が中学校から社会に出る人を上回る。さらに、九〇年代前半には大学卒業後社会に出る人の割合が高校から社会に出る人を上回る（図0-1）。人びとが普通に通うことになった学校は、このように拡大して推移する。

本書では、学校から「社会への入口」（学校の出口）の部分に注目する。先述したように、学校とは、次世代の養成を特別な時空間で行う場であり、子どもを一度生活から切り離し、また社会に返すという営みを前提とする。学校導入期には、なによりも「人びとをいかに学校に来させるか」が学校の存続にかかわる課題だったが、こんにちのように学校に通うことが普通になったあとは、いずれかの段階の学校を卒業した時点で、「どのように社会に返す(送り出す)か」が課題となる。

就学動向からみた学校の定着

まず、学校への就学行動という視点に絞って、戦後八〇年を鳥瞰《ちょうかん》する。就学動向は、学校振興という政策的意図と、就学にかんする人びとの意思との相互作用から現出するものである。ここでは、戦後の学校への人びとのかかわりを就学の動向という量の推移のなかでとらえる。

なお本書では、「就学」ということばを通常よりも広く、学校に入学すること、就学している状態、卒業するまでを含めた、学校に行く行為や状態の総体を表す意味で用いる。

戦後、日本の社会において、学校を当たり前のものとして受け入れ、積極的に利用する「学校化社会」の構築が急激に進んでいったことは、義務教育後の進学動向に如実に表れている。

図0-2は、中学校、高校の卒業生の年度別の人数と、大学入学者数の量的な変化、および高校、大学への進学率を表している。同時に、中学校の不登校出現率を示した。

図0-2からは、人びとが戦後、学校をどのように受け入れ、あるいは距離を取ろうとしていたのかをみることができる。ここから読み取れるのは、まず、日本の社会は、四半世紀の間に、義務制の学校はもとより、高校といういわば無理に行かなくてもいい学校へまで就学行為

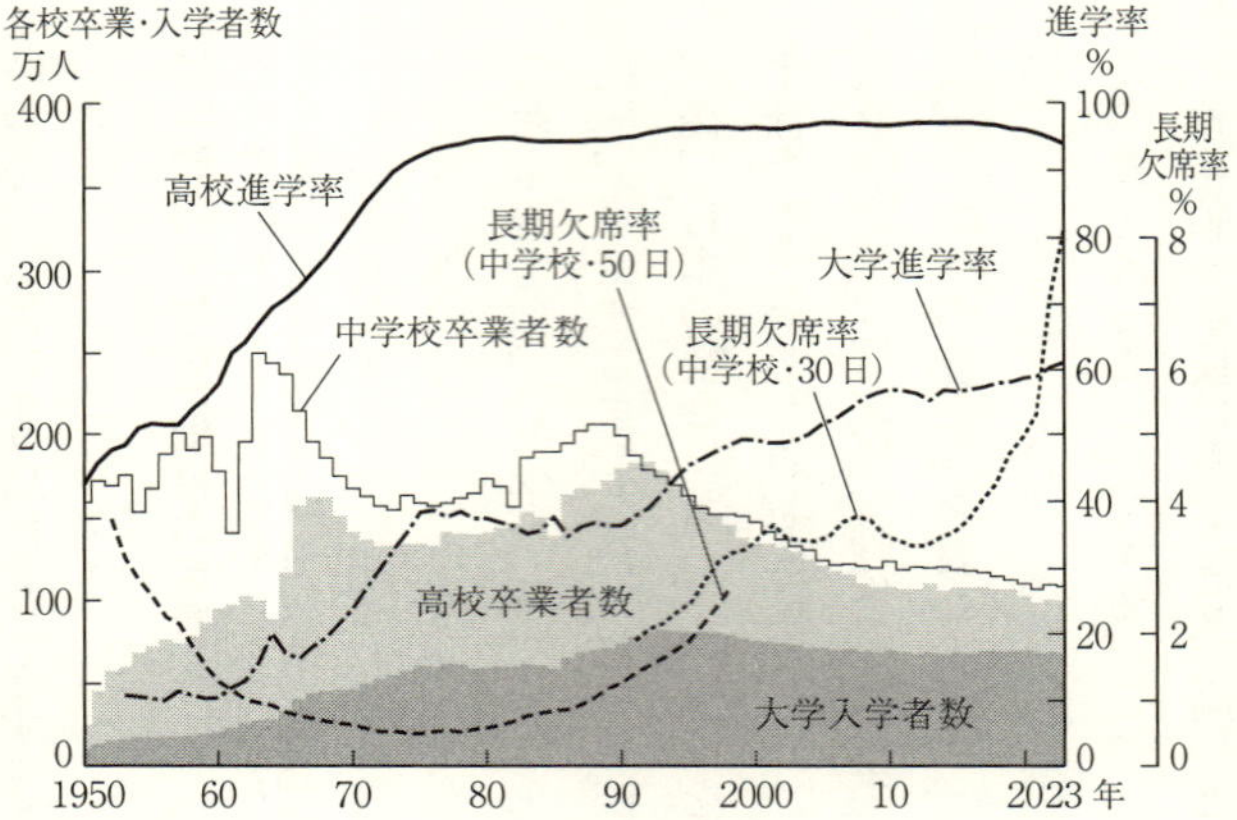

図 0–2　進学動向および長期欠席率の推移

大学進学率の母数は大学学部（短大を含む）進学の 3 年前の中学校卒業者数．長期欠席率とは長期欠席生徒数の在籍生徒数に占める割合．「高校進学率」には通信制高校進学者は含まれていない．

出所）『学校基本調査報告書』ほか

を継続させた、ということである。日本は、高度成長を経て、一八歳まで生活の多くの時間を学校という空間で過ごす社会となった。

新制の中学校は、戦前の就学経験を前提に、「血涙史《けつるいし》」をおもわせる創設の経験を辿りながら、また学校現場の工夫と努力が重ねられることで定着していった。さらに、高校までの進学も年々増加した。この過程は、後掲する初等後教育機関や定時制高校といった就労と就学の中間の形態への進学もはさみながら、高度成長期に至って全日制の高校就学が常態である社会を築きあげたのである。

就学行動で際だっているのが、いわゆるベビーブーム世代といわれる一九四七年度から四九年度生まれで、一九六三年(三月卒業時)から六五年にかけての中学校卒業者である。戦後生まれを含む子どもたちがはじめて中学校を卒業した年は一九六一年であり、このときの卒業生数は一四〇万人であった。この卒業生は、一九二〇年代以降最低の出生率であった一九四五年度生まれの子どもたちである。グラフをみると、この年を起点に毎年五〇万人の増加があり、一九六三年の卒業者は二五〇万人弱となった。二〇二二年度の中学校の卒業生数が九九万人であるから、当時の増加がいかにすさまじかったかがわかる。ベビーブームの到来は、新学制出発とも重なり、戦前と戦後の区分を象徴的に示すものであった。

戦前からの就学動向と地域差

ところで、このような人びとの就学行動の広がりは、戦後の新学制下にだけみられることではない。一九三〇年代には、人びとはすでに尋常小学校という戦前の義務制学校に入学し卒業するという就学の行為を受け入れ、さらにその後も就学を続けていこうとするようになっていた。戦後においては、それが規模と質において飛躍的に進んだことを図0-2は示している。

戦前の中等学校は経済力と学力をもった一部の人びとが通う学校であり、大多数の者は、

（尋常）小学校もしくは小学校を延長した高等小学校や実業補習学校といった初等後教育諸学校を経て社会に出ていた。初等後教育諸学校への進学者が増加すると、一九三九年にはそれらを統合するかたちでつくられた青年学校が義務化された。ただし、青年学校は一九歳までの男子のみを対象とし、地域によって異なるが、たとえば仕事が終わったあと数時間、小学校や工場の敷地で、社会に出るための準備教育や軍事訓練をするなど、あくまで就労と就学の中間形態のようなかたちでの拡張であった。それに対して戦後は、前期中等教育（中学校）を義務制として、四半世紀で後期中等教育（高校）への就学が常態となったのである。

ただし、就学動向は、地域、階層さらに産業のあり方や家業の形態によってかなり異なるものであった。新制中学校への就学行為は、特に戦前からのムラ社会の影響を残す農山村や漁村では、児童労働の必要やムラ社会の文化と学校の文化とが相容れない場合があり、すぐに定着したわけではない。

当初は、図0-2にあるように、「長欠《ちょうけつ》」と呼ばれる年間五〇日以上欠席する子どもたちを示す「長期欠席児童生徒」が、中学校全体で約四％存在した。内訳をみると、表0-1にあるように、中学校の就学率は地域差が大きく、漁村部ではかなりの子どもが中学校に通学していない。それでも「長欠」生徒数は年々減少している。

高校進学率においても、一九六〇年には全国平均では五八%と半数を超えていたが、都市部と地方では大きく異なった。東京がすでに七八%だったのに対して、五〇%未満の県が、東北では青森、岩手、山形、福島など、九州では宮崎、長崎、熊本、鹿児島など合わせて一四県にも及んだ。それが、高度成長期を通し格差が縮まるように展開していく。高校進学率は、一九七〇年には全国平均が八〇%を超え、一〇年間で約二五%の増加となっている。青森、岩手、沖縄が六六〜六七%でもっとも比率が少なかったものの、その格差は大幅に解消されていったのである。

表 0-1　中学校の就学率の地域差

	中学校	4-10 月 平均(%)
市街地	水戸第二	95.3
	水戸第三	91.3
	土浦	91.5
	助川	93.4
	平均	92.9
農村	河和田	91.9
	飯富	92.0
	五台	92.0
	佐野	91.7
	平均	91.9
山村	伊勢畑	91.0
	岩船	89.7
	八里	81.6
	隆郷	86.1
	平均	87.1
漁村	磯浜	83.3
	大貫	89.5
	平磯	90.5
	波崎	68.6
	平均	83.0

出所）「茨城県教育調査速報」(1950 年 1 月 25 日)

進学率の拡大の諸相

戦後の学制の定着について、さらに進学率に注目してみてみよう（図0-2）。

高校進学率は一九五〇年代の半ばまで五十数％前後であったものが、五〇年代の末から本格的に増加し、七四年度に九割を超え、七〇年代半ばには二〇人中一九人が進学するところでほぼ高原（プラトー）状態となる。その内実は、高校志願者のなかでも普通科志向が高まっていた。さらに大学・短期大学（短大）進学率は、一九六〇年に約一〇％であったが、七〇年代半ばには三〇％後半にまで上昇し、高等教育の大衆化を推し進めることになったのである。

一九七〇年代の半ばで高校の進学率が頭打ちになるのは、志願者のすべてが高校にあがれるわけではないという「適格者主義」を前提として、私学との定員調整など都道府県レベルでの高校政策があったからである。大学の進学率についても、七〇年代中盤にはっきりした抑制がかかって、三〇％後半に保たれることになった。

すなわち、明確な高等教育計画の転換として、私学の水増し入学の制限（一九七五年の私立学校振興助成法）と国土計画に基づく大都市圏の大学定員増の抑制、専修学校の制度化などがあったことによるものである。高等教育の進学率抑制の政策が導入された背景には、高卒労働力の確保という財界からの要求があった。

このような進学率の推移は、人びとが進んで戦後の学校制度をライフコースのなかに位置づけたことを意味する。そこには、農民(家)、商人(家)、あるいは職人などの家業、さらに労働者などの階層ごとに行われていた人づくりが高度成長のなかで衰退し、次世代の養成を学校に託そうとする社会全体の大きな流れがあったのである。

上述したように、一九七〇年代半ばには、高校・大学の進学率がそれぞれ九四%、三八%台で頭打ちとなるが、これを男女別にみてみよう。高度成長後の一九八〇年、女子の大学への進学率は、四年制大学が一二%であったのに対して、短大は二一%となっており、その後も九〇年代初頭までともに上昇している(図0−3、0−4)。

女性の初婚年齢の平均は一九六〇年代から八〇年代まで二四〜二五歳であったことから、短大卒後三、四年雇用され、その後退社して家庭を支えるというルートが、女性の進学要求を満たしながらライフスタイルとして受け入れられやすかったとおもわれる。さらに、この動向は、夫の所得によって家族全体を支える「日本的雇用」の成立と深くかかわる。こうしたシステムを組み込みながら、日本型の企業社会は機能したのである。一九七〇年代から八〇年代にかけての女子の短大進学率は、四年制大学への進学率を大きく上回っている。男子は四年制へ、女子は高卒か短大への進学を選択するという動向は、一九九〇年代初頭まで続く。

バブル経済の崩壊後、日本型企業社会は大きく動揺し、それを維持することが困難になった。それに沿うように一九九六年には、短大と四年制大学の女子の進学者数が逆転する。

さらに一九九〇年代に入ると、法的規制緩和によって大学の新設、定員増加が進み、二〇〇

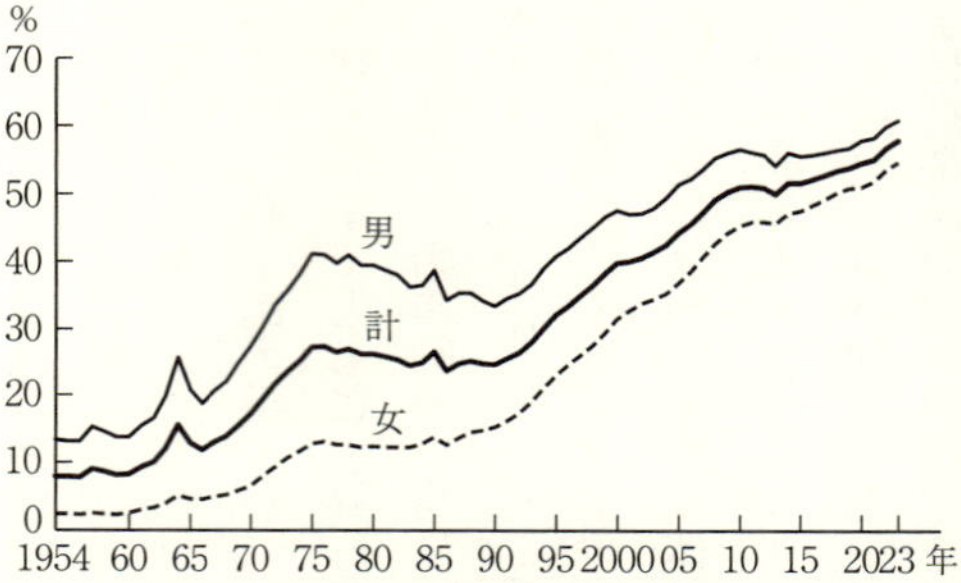

図 0-3　男女の四年制大学進学率の動向（浪人生を含む）

出所）『学校基本調査報告書』

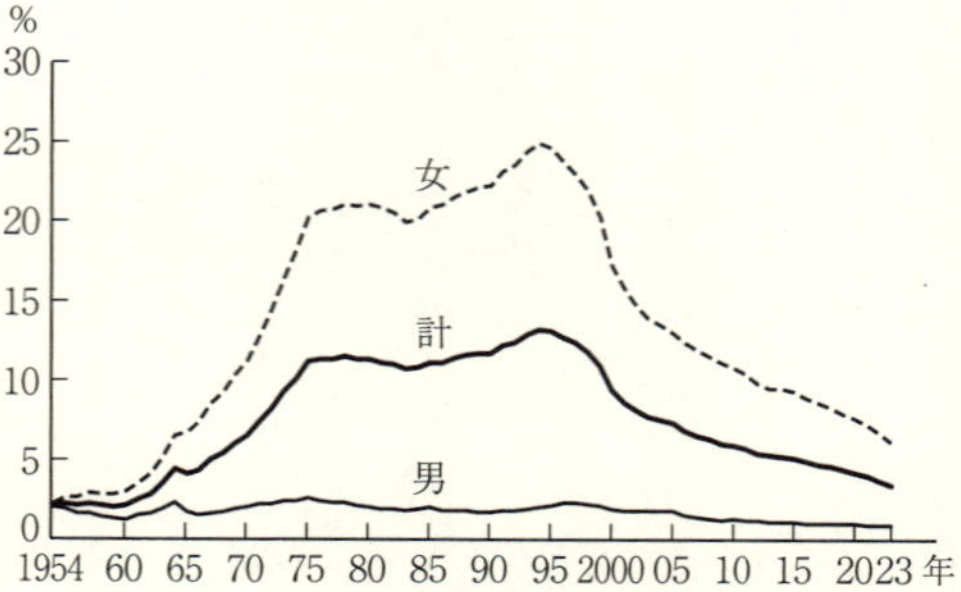

図 0-4　男女の短大進学率の動向（浪人生を含む）

出所）『学校基本調査報告書』

〇年代に入ると、男女ともに同年代の半数以上が高等教育を受けるという、いわゆる高等教育のユニバーサル化(M・トロウ『高学歴社会の大学』)が進む。また制度化された専修学校など、高校卒業後の中等後教育《ポストセカンダリーエデュケーション》が幅の広がりをみせながら拡大してきた。二〇二二年度の新規高卒者の進路状況は、大学(学部)進学は五五・六%、短大進学は三・四%、専修学校の専門課程である専門学校進学は一六・二%、就職は一四・二%となり、卒業者全体の四分の三以上が大学もしくは中等後教育機関を経て社会に出ている。

就学動向の転換点

前掲の図0-2から浮かびあがるもう一つの注目すべき点は、「学校に行くことが普通になるや子どもは学校に行かなくなった」ということである。

不就学の子どもに対して、就学援助の充実を図ることで経済的な負担は軽減され、また学校を不必要とする家業などの文化的な阻害要因は高度成長のなかで排除され、戦後の学校は子どもを包摂していった。しかし、一九七〇年代中頃を底にして、学校に行かない、あるいは行けない子どもの数は増加に転じた。

これらの子どもの動向は、どのような内容をもっていたのか。

すでにみたように、一九五〇年代の初頭には、当時の生徒数のおよそ四%、実数にすると約一八万人にもおよぶ「長欠」と呼ばれる学校に行かない／行けない子どもたちがいた。

当時の文部統計の長欠理由の内訳をみてみると、家庭の経済的事情に起因する項目に加え、「家庭の無理解」という項目がある。ここでいう「無理解」は、あくまでも学校の側のとらえ方である。家業維持に必要な読み書き以外は必要ないとする家族の独自の判断が多数の「長欠」を生んでいた。戦後の社会的混乱という要因もあったが、六-三制の実現を図ろうとする学校関係者と、学校の論理とは異なる固有の子育て方針をもつ家族との間の文化的なずれが、「長欠の時代」をつくりあげていた大きな要因としてあった。

高度成長期を迎えて、社会の広範囲にわたって学校受容が進み、こうした長期欠席率は減少し続け、一九七〇年代半ばに底を打つが、ここから長期欠席者は再び増加に転じる。この時期には、病因は特定できないものの心身に不調を訴えて学校に行くことができない子どもたちが増えていることが、精神科医やカウンセラーなどによって指摘された。

これらの新しいタイプの欠席は「登校拒否」と呼ばれるようになり、一九七〇年代半ばから八〇年代は「登校拒否」児童生徒の増加が社会問題化した。一九五〇年代の長欠問題とは異なり、当時は「登校拒否」は「学校に適応できない子ども」の病理現象であり、本人の気質や家庭での育て方に原因があるというとらえ方が有力であった。その対応も「長欠」と異なり、心理療法や医療的なかかわりによって不適応状態にある子どもやその家庭を変えていこうとする試みがなされていた。

「学校に適応できない」事態が問題とされるのは、学校を経由して仕事に参入していく生き方が「標準」とされていたことが背景にある。学校でうまくやっていけるかどうかが子どもや家庭にとって極めて重要な課題になったからである。

こうした「登校拒否」を病理現象とみなす専門家の見解に対して、しだいに問題の当事者たちが異議を申し立てるようになる。学校を休む子どもやその家庭、それを支援する人びとが、管理主義的な学校を批判し、現状の学校を絶対のものとして肯定し通うことを当然とする学校への適応過剰ともいえる受け止めに対して、疑問を呈するようになったのである。家庭や本人に問題があるという見方を批判し、社会の病として欠席をとらえる見方が一九八〇年代後半から力をもちはじめ、議論が拮抗《きっこう》するようになった。

その後、第四章でみていくように、学校に行かない／行けない人たちが安心して過ごせる「居場所」づくりや、フリースクール（オルタナティブ・スクール）と呼ばれる学びの場を設立する動きが急速に進展していった。これらは、学校制度の外部にあるとはいえ、不登校問題の解決策や多様な学びの選択肢の一つとして位置づけられていく(第五章)。

戦後の学校の課題の変遷

これまでみてきた戦後の就学・進学動向のなかで、学校は、学校自体の論理をもちながらも、社会からの要請に応えながら運用されることが求められてきた。時代ごとの課題が何であったかは単純には表せないが、その主要なものに注目して、戦後の学校の課題の展開を概観すると、

敗戦後から一九五〇年代前半までの第Ⅰ期——戦後民主主義社会の構築を担う教育

一九五〇年代後半〜八〇年代までの第Ⅱ期——産業化社会の構築に対応する教育

現代に至る第Ⅲ期——新たな課題への対応と学校の土台の再構築

が、課題となって展開したと、本書ではとらえる。

このような時代ごとの課題に対応してきた学校のあゆみをとらえるために、第一章では、まず戦後の学校の基盤となった近代学校と、それをもとにした「日本の学校」の成立過程について整理する。さらに、第二章では第Ⅰ期、第三章では第Ⅱ期、第四章と五章では第Ⅲ期について、学校の展開をみていく。第五章は新しい時期への胎動がうかがわれるが、終章では、それらの動向を踏まえながら今後の学校の課題について述べたい。

第一章　「日本の学校」の成立

――近代学校の導入と展開

戦後の学校は戦前、戦中の学校の反省の上に成立したとされているが、戦前に形成されていた日本の学校の土台ともいえる基礎構造は、戦後社会にも連続して貫かれている。その意味で学校の戦後史は、戦前の「日本の学校」の形成期が出発点となっている。「日本の学校」は、端的にいうと、西洋における近代学校が日本社会の現実に即して組み替えられて成立する。

その過程は、近代学校がもつ選抜・配分の機能と、教育の実践を成り立たせるための共同性の構築という、二つの志向の相克を生み出す。ここにいう共同性は、学校が日本の近代国家のレジームのなかに大きく包摂されるという政治的状況と表裏一体のものである。相克や矛盾をともないながら日本の近代学校が成立していく過程は、歴史的存在としての日本の学校の基本的な性格をつくりあげていく過程でもあった。

一　産業革命と近代学校

学校の誕生

こんにちの日本の学校は、西洋から導入されたスクール(school)を原形としている。スクールの語源は、独語のシューレ(Schule)、仏語のエコール(école)と同じく、ギリシャ語の余暇《よか》という意味がこれにあたる。余暇と学校が結びつくとはどういうことか。学校の特徴は、生活から離れた特別の時空間での文化伝達である。そのためには日々の労働に縛られないことが必要である。学校とは労働からの解放による余暇を必要条件としているという意味で、その語源は正鵠《せいこく》を射ている。

メソポタミアやエジプト文明期には学校があったことが確認されているが、日本では六七〇年頃につくられた学職《ふんやのつかさ》に淵源《えんげん》をもつとされている。このように、生産の向上による余剰時間の確保と、生産における人やモノの管理のための文字の必要性が、特別な時空間で文化伝達を行う学校を要請したのである。

学校の起源自体は古いが、そこに通えるのはあくまでも一部の為政者やその周辺の人びとに限られていた。学校による文化伝達が一般の人びとのレベルで行われるようになるのは、近代社会になってからである。

近代以前の共同体の社会における文化伝達は、職人の技能の伝達のありように端的にみることができる。たとえば、中世の靴職人は弟子たちに靴の作り方を指導するわけではない。弟子は親方と生活を共にして、親方の技を学ぶ(＝「盗む」)のである。靴職人の文化の伝達の基本は、象徴的にいうならば「一生懸命いい靴を作る」ということである。弟子たちは、親方が一生懸命に働き生きる姿のなかに刻み込まれた、靴作りの技を修得するのである。

このような近代以前の学ぶことによる文化伝達に対して、産業革命以降は、明確な意図をもって必要な知識を教えることによる文化伝達が課題とされた。生活とは距離をおき「教える」ことだけのための特別な時空間を設けて文化伝達を組織化した場、それが近代学校である。

学校による文化伝達

新しい文化伝達を飛躍的に進めたのが、グーテンベルクによって一五世紀半ばに発明された活版印刷である。大量のテキストの共有が可能になったことで、一七世紀には、「教える—学ぶ」という文化伝達の方式を定式化した教授学(ディダクティカ)が生み出された。教授学の祖コメニウスは、主著『大教授学』で「あらゆる人にあらゆる知識を」という汎知《はんち》主義を打ち出し、「精巧な機械」に見立てて知識を伝える教授印刷術(Didacographia)を示している。印刷技術になぞらえて子どもを「紙」として想定し、「生徒の精神に知識という文字が印刷される」としたのである。

産業革命が進行し都市への人口集中が進むと、共同体から出てばらばらになり路上にあふれる子どもの群れが生み出されていく。これらを労働力に変えていこうとする動きが近代学校の原形をつくりあげた。

近代学校による新しい文化伝達の代表的なものが、一八世紀末に産業革命が進行するイギリスに現れたモニトリアル・システム(助教制)である。これは、助教と呼ばれる複数のモニターを用いるもので、それぞれのモニターが複数の生徒に教授を行う方式であり、その代表的なものがランカスター法と呼ばれる形態である(図1-1)。

一見すると大量の子どもを前に教壇上の「教師」によって同一内容の教授がなされているようにみえるが、実際は、教場側壁沿いにいる複数のモニター(助教)の所に、子どもたちをグループごとに集めて、それぞれのモニターによって教授活動が行われた。モニターは生徒のなかから成績や人柄などを踏まえて選ばれる。最前列には砂をなぞって文字の練習をする机があり、

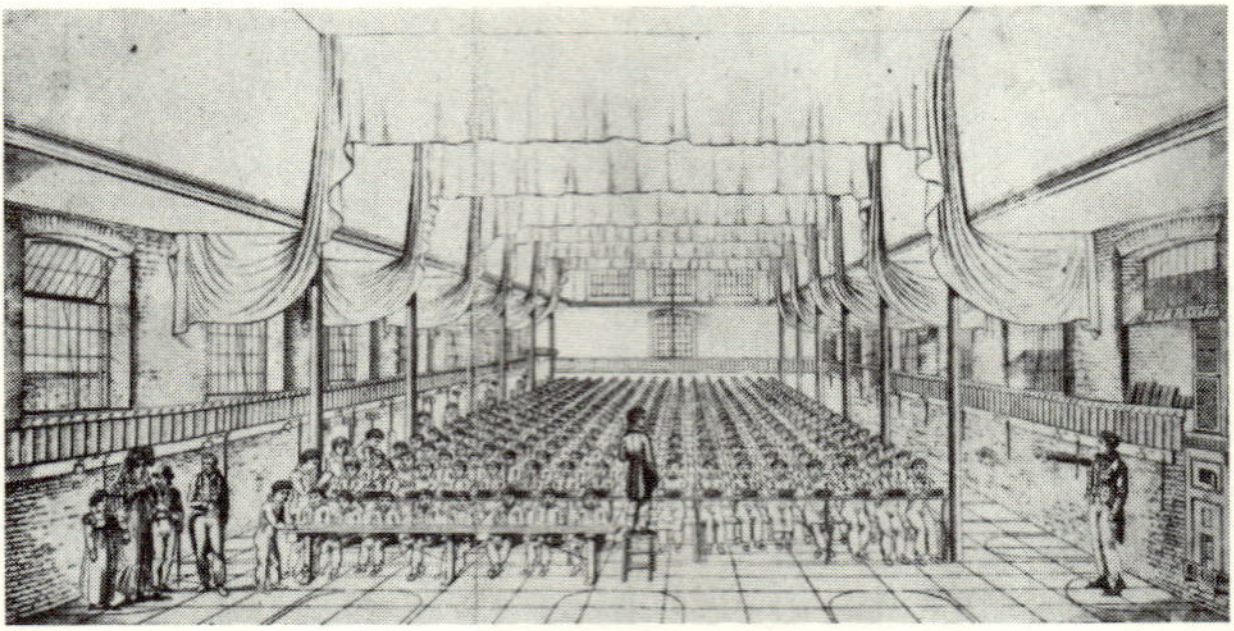

図 1-1　モニトリアル・システム
出所) *The English School*

もっとも初歩的なアルファベットなどの教授がなされる。加算や文字などを易から難へと順に学ぶように座席がそれに合わせた配列となっている。中央にいる人は監督モニター(general monitor for order)であり、モニターと子どもの両方を管理する人である。監督モニターは子どもたちが勉強に取り組んでいるかを見張ると同時に、モニターがきちんと教えているかも監督している。その監督モニターに指図している右端の人が校長(school master)で、その学校を統括する教師である。

このような体制のなかで、子どもが学校で学ぶことのできる力(構え)や時間通り登校し怠けることなく勉強に集中して励むという、いわば「学校で学ぶ身体」の形成が図られているのである。

原形としての工場方式

図 1-2　ギャラリー方式

出所)『学校教育の理論に向けて』

一斉教授への過渡的形態であるモニトリアル・システムは、工場のように規格化された製品＝人間(労働者)をつくるという意味で、工場のアナロジーととらえられることが多い。本書では、そのような一般的な性格のみならず、大量の子どもに同一の知識を伝えるというテクノロジーに着目したい。一斉教授は、のちに詰め込みや画一的な教え方ということで批判の対象とされるが、ここでは、大量の子どもに確実に必要な知識を習得させるための有効な方法であったといえる。その象徴的な例として、柳治男の研究に基づいて文字の習得の方式をみると、まず、文字(アルファベット)がどのように構成されているかに立ち戻り、直線文字、斜線文字、曲線文字など「要素への分解」を行い文字を分類する。そのうえで簡単な直線からなる文字から斜線、曲線が組み合わされる文字へと順番に進めるプログラムを準備する。同様に易から難へという原理で、読み方や計算が順序立てて教えられる。対象を分析し、易から難、単純から複雑などに配列して理解しやすいように工夫することは、学校において基本的な方式であり、教えるための工夫や技(ペダゴジー)の原形がみられる。

一九世紀初頭には、ギャラリー方式と呼ばれる、教師が直接多数の子どもに向かい合う形態の学校が現れる(図1-2)。モニトリアル・システムではモニターによってなされていた教授が、ギャラリー方式では階段状の教場全体で一斉になされた。これは、一対多の関係のなかで、何を伝えるかの強い意図性に基づく「教える」という方式を組織した、近代学校の原形の一つであった。この方式は、プロイセンの近代学校においては平坦な教場が中心であったなど、多様な形態が存在した。

二　日本の近代学校

工場方式を原形とする学校は、ヨーロッパやアメリカに広がり、その後日本に伝わるが、そのままのかたちで定着したわけではない。日本の場合、子どもは共同体のなかで児童労働力として役割分担を与えられ、ムラの習俗に組み入れられていた。日本の近代学校は、国家の国民形成の要請を受けて、共同体から強制力をもって子どもを切り離し学校に組み込みこむことが求められた。しかし、強制がそのまま実現することは難しく、実際には教師が子どもや親の生活の課題に基づく学習要求に応えようとすることで、学校を現実に応じて組み替えていくことになる。

寺子屋と小学校

図 1-3　寺子屋

出所）『福井県史 通史編 4』

日本には、西洋の近代学校(制度)の導入以前には、庶民機関である寺子屋(手習塾と呼ぶ場合もある)、藩の役人養成機関の藩校、そのいずれのカテゴリーにも入らない多様なかたちの郷校《ごうこう》(学)など、さまざまな「学校」が存在していた。ただし、それらのほとんどは、対象が身分や地域あるいは性別によって限定されていた。それに対して近代学校は、一般の人びとに開かれた統一的な体系をもつ、公教育制度のもとでの機関であった。寺子屋と近代学校は、一人の教師と複数の子どもたちという点においては同様であったが、その関係の構造が全く異質である。

図1-3は江戸の寺子屋の様子であり、図1-4は学校制度出発時に学校の教師の養成のために用意された『師範学校改正小学教授方法』（一八七六年）という当時の代表的な教授書に描かれた教室の様子である。二つの絵図から読みとれる違いは、図1-3寺子屋では師匠とおのおの手習い（自習）を行っている子ども（「寺子」）が描かれているが、図1-4では教える内容を明確にもっている教師が子ども集団に対面し全体に教えているという点である。

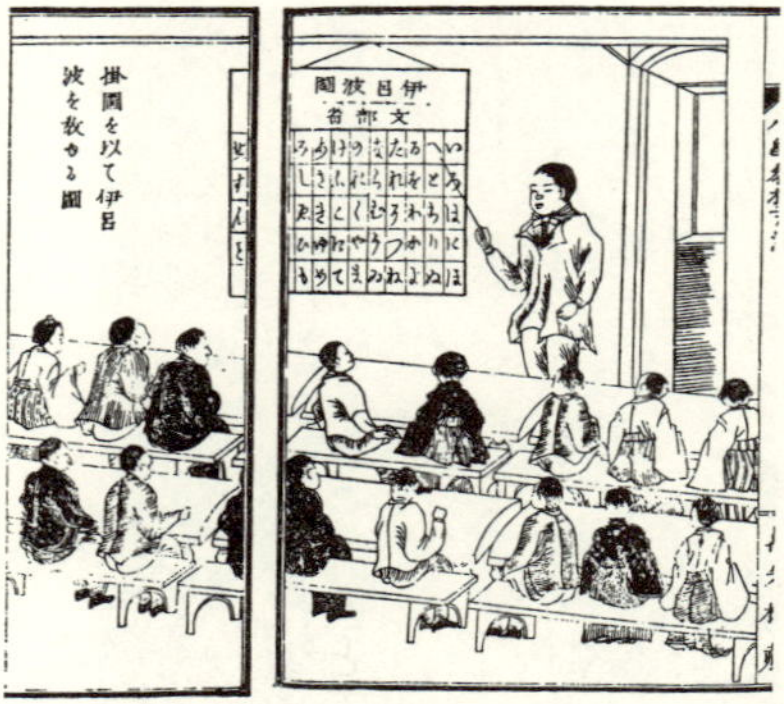

図1-4　小学校（『師範学校改正小学教授方法』）

出所）『近代日本教科書教授法資料集成』第1巻

寺子屋での「学び」

文化伝達の場としては、寺子屋は小学校と異なる方式であった。寺子屋の文化伝達とはどのような性格をもったものであったかを辻本雅史の研究をもとにみる。

寺子屋が広く普及したのは一八世紀以降であり、それにともなって識字率が飛躍的に上昇していく。

そもそも江戸時代は支配体制を維持するため、文字の習得が重んじられる構造を有していた。都市に集住した少数の武士が村在住の大多数の農民を支配するために、法令や文章を活用するシステムである。さらに全国の土地の生産力が米の収穫高で換算される石高制を採り、その換金に依存する社会であった。そこでは、年貢米の商品化によって都市の膨張と貨幣経済の村々への拡大が促されることになる。このような貨幣経済が浸透した社会では文字や計算能力は欠かせず、急激な寺子屋の増加はこれを背景にしている。

寺子屋は、信頼できる師匠と寺子の一対一の師弟関係をもとに成り立っていた。子どもたちは毎日師匠から指示されながら、手本を机において臨書《りんしょ》する。図１-３はその場が描かれている。

単に文字の読み書きという知識の習得だけではなく、態度を含め、上手な字を書くことや礼にかなった文章を習得することが目指されていた。寺子屋での手習いは、「一定の手本を模範として模倣し、それを習熟して身体的に獲得していく過程」であり、辻本はそこに学びをとらえている。「教える」ことを軸とする近代学校とは異質な「学ぶ」ことを軸とした文化伝達が指摘できよう。

近代学校の導入と後発効果

「教える」ことの制度化は、どのようになされたか。

日本では、近代学校導入期において、モニトリアル・システムがアレンジされ、子どもの学力に応じた等級制という進級制度が採用された。後発近代国家である日本にとって、西洋の知識、技術を速やかに移入するという課題に対応する形態としてこの制度が選択された。

等級制とは、国家が求めた知識・技術を組み合わせて、難易に応じて配列した学校カリキュラムの単位を「級」とし、「級」単位の教育内容の修得を試験で確認して進級する方式をいう。たとえば、近代学制導入当初の小学校の課程は、上等・下等の二等科で、各等科を八級に区分し、四年の在学期間とした。毎月の小試験、半年ごとの定期試験のうえに、小学校を卒業するときには卒業試験を経て中学校に進学する。個別の学校を超えて、学校制度自体が「級《グレイド》」の体系として構成され、進級のため厳格な試験制度が取り入れられたのである。厳格な試験によって教育内容を維持し、生徒に新たな知識の獲得への意欲をもたせたといえる。この点について、日本が西洋諸国から離れた極東の地域に位置していたことで、知識・技術の伝達をより純化させるかたちで近代学校の方式をつくりだしたとみることもできる。

一八八〇年代半ばまでの日本の学校制度は、司法は司法省法学校、工学は工部省工部大学校というように、学問領域ごとに頂点に立つ学校が存在した。のちに、それらの頂点校を統合するかたちで帝国大学（帝大）を設置し、新知識・新技術の移入を図る巨大なシステムをつくりあげた。さらに、近代国家の統治機構と学校とを連結して位置づけた。帝大を卒業した者を国家官僚組織に配置するという明確な優遇策を取ったことは、その象徴的な例である。このような学校の威信を示す構造は、近代セクターとも関係をつくりあげながら波及していき、学歴社会を築き上げていった。

こうした仕組みと社会全体への波及のあり方は、日本だけのことではなく、後《おく》れて近代化を進めた諸国に共通の特徴である学歴病理（R・P・ドーア『学歴社会』）とされ、後発効果の一つの現れとされる。学校は、標準化され「制度化された科学」を効率的に習得するための装置として位置づけられ、学歴によって社会に人材を配分する役割を果たすことにもなるのである。

国民形成の場

草創期の日本の近代学校は、新しい知識・技術を導入し吸収する装置であるのみならず、言語と歴史と道徳を共有する国民の形成を担う機関であった。その国民形成の中核に位置づけられたのが小学校であった。

一八九〇年に、皇室を中心とした「国体」を基礎におく国民教育の基本理念を示した教育勅語が出された後は、小学校においては、「徳性」の涵養《かんよう》や儀式・行事などを通じて学校や国家への帰属意識を育成することが重視された。これは、学校で学ぶ教育内容と同等、ある意味ではそれ以上の影響力をもっていくことになる。

小学校（尋常科・尋常小学校）は、義務教育機関として、徳育を上位に知識や技能を下位におきながら、ひとまとまりの人格としての国民（臣民）形成の場という特別な位置を与えられた。たとえば哲学者の出隆《いでたかし》の回想が示すように、高等教育では、皇室の歴史が実証的な学問対象とされたが、その内容は「密教《みっきょう》」的な扱いを受け、世間では共有されることがない特別な人の教養とされた。それに対して小学校では、すべての人が共有する、いわば「顕教《けんぎょう》」として万世一系《ばんせいいっけい》の皇室の歴史が説かれ、国民にとって欠かせない教養とされたのである。

「日本の小学校」の形成

二〇世紀初頭までに日本は、学校制度の全体を整えながら、「誰もが行く学校」として小学校を築き上げた。

一例として東京の本郷区（現文京区）の誠之《せいし》小学校の約一世紀の変遷を、学校の組織・制度、カリキュラム、行事などを中心に図示したものが、巻末に収録した図1-5である。

この図からは、一八九〇年代から二〇世紀を迎える時点にかけて、個別の小学校のレベルで、こんにちの「日本の小学校」がほぼかたちづくられていく過程が読み取れる。たとえば「入学式」の出発は他の小学校に比べて遅いなど、この学校の特別な事情もあり、一般的な動向のすべてが反映されているわけではないが、いくぶんのずれを含みつつも、日本の小学校の成立過程を現場のレベルでみることができる。

入学式、卒業式の出現から、それまで時期がまちまちに入学してきていた子どもたちが、定まった時期に入学したり卒業したりするようになったことがうかがえる。学校の入口と出口が明確になったといえる。

一八八五年に一等級の標準修学期間が半年から一年へ変更され、翌八六年には一年進級制が導入された。その後一八九二年には四月入学となり、これが日本の定番の入学式の光景とされている、〝春、桜並木を通って学校生活が始まる〟というイメージにつながることになる。いうまでもないが、四月初旬には北海道ではまだ桜前線が到達しておらず、沖縄ではすでに散ってしまっている。にもかかわらず、この光景は、教科書などを通して共有されたといえる。

二一世紀に入り、グローバル化に対応した大学改革として大学の九月入学問題が議論されてきたが、もともとは当時の国際標準に沿った九月入学であり、東京大学の前身の東京開成学校の規則にも九月入学が示されている。教員が外国人であった高等教育機関は、おおむねこれを踏襲した。

一方、大衆教育機関である小学校は、子どもを学校に来させること自体が大きな課題で、実際は年中子どもを受け入れ、期日を同一とした入学の概念が希薄であった。四月入学が一般化されていくのは、高等師範学校が一八八七年に四月開始としたことが大きな転機となった。当時の高等師範は、教員養成に限らず、日本の初等・中等教育の「普通教育ノ本山」という性格をもっていたのである。これにならうように、それまで入学式がばらばらであった中学校も、師範学校も、さらに定着しつつあった小学校も、四月開始にそろえられていくことになったのである。

こうした制度の枠組みが定まるのと同時に、学校の内側の制度も固められていく。始業式、終業式が行われ、一年間という学校時間のまとまりも定められた。創立記念日が設定され、毎年記念式が施行されるようになった。また校歌や校訓がつくられ、学校の精神的な支柱として掲げられた。

学級の誕生

そのなかでも、日本の学校の土台をかたちづくったもっとも大きな制度展開が、学級制の誕生である。学校における「教える―学ぶ」という行為の中核のユニットとして、「学級」が据えられたのである。

一八九一年に、「学級編制等ニ関スル規則」によって、「一人ノ本科正教員ノ一教室ニ於テ同時ニ教授スヘキ一団ノ児童ヲ指シタルモノニシテ従前ノ一年級二年級等ノ如キ等級ヲ云フニアラス」とされ、等級制にかわる学級制が導入された。これまでの等級制に基づく「級」組織から、教師と子どもの関係を組織化した学級制に基づく「組」組織への転換がなされた。「組」という名称は、ムラの子ども組という生活集団に由来するとされる。

これまで年齢が多様な子どもたちの等級ごとの集合体であった教室の場は、年齢差が一歳未満の子どもたちが「同級」生として、教師と一緒に過ごす生活の場へと空間の意味を変えたのである。二〇世紀を迎えるまでに、進級要件として履修《りしゅう》の成果が問われない履修主義が採用されたことになった。

ただし、そのことで学校や教室の外観が大きく変化したわけではない。学級制導入当時、実際には学校の全児童をまとめて教授する単級学校が大多数で、一つの教室で一人の教師によって教えられるという光景は変わらなかった。しかし、その意味は大きく転換し、同年齢の学級単位でみると、多様で学力差のある子ども集団を一人の教師が教えることになったのである。そこに教師が集団をまとめあげるという課題が生み出された。

学校行事・儀式

学校を共同体として有機的に運用するために、学校行事・儀式の果たした役割は大きい。二〇世紀を迎えるまでに成立した、入学式や卒業式(卒業写真)、始業式・終業式、創立記念日などは、まさに行事によって、子どもの生活の時間に学校の時間を刻み入れたのである。これにより、在籍する学校ごとのまとまりがはっきりと示され、子どもや保護者の学校への帰属意識が高まった。

なかでも卒業式は、学校の一員としての意味を子どもの人生に刻み込むという大きな役割を果たした。有本真紀の指摘によると、もとは単なる卒業試験後の証書授与であったものが、卒業証書授与式(卒業式)として「宣告と褒賞《ほうしょう》」の場へと変化し、さらに次第にムラの祝祭の場の意味ももつようになり、卒業式は地域ごとに多様なかたちでとりおこなわれた。しかし一八八〇年代後半以降には多様性が急速に失われ、娯楽と啓蒙の要素を排しながら全国的に式次第が定型化され、二〇世紀前後には「小学校生活の集大成」と位置づけられていった。そのなかで、「呼びかけ」などという、卒業生と在校生の集団で別れのあいさつの呼応をしたり、一同の声の代言者として総代《そうだい》が位置づけられ、「悲し」を含む「よき感情」の醸成を担う卒業式歌などが卒業式を演出するようになる。「感情教育」がむしろ目的となって儀式が行われることも生じていく。それが同一学校の卒業生(同窓生)という新たなアイデンティティを付与し、在校生に学校の共同体を担う一員であることを再確認させることにもなった。

他方、運動会は、従来は近隣の学校と共同で開く「聯合《れんごう》運動会」として実施されていたが、一八八〇年代後半以降は、集団行動訓練である兵式体操の奨励と日清戦争の戦意高揚策として各小学校ごとに行うかたちが普及していったとされている。聯合運動会参加のために会場まで往復するのが遠足であったが、これが「校外教授」というかたちでカリキュラムに組み込まれた。ただし、聯合運動会も残り、各校と聯合両方の運動会が組み合わせて行われることもあった。また、運動会は、地域と学校をつなぐ役割を担った。日露戦争後、地方改良運動によって自然村から行政村へ移行し、それにともなう神社統合も行われたが、新しい村の一体感をいかにつくりあげるかが課題であった。小学校の運動会はその役割を補足する重要なものとしても位置づけられ、地域住民の関心は高かった。農村部の「おらが村の学校」のみならず、都市部も含めて地域と学校の一体感が育てられ、それが大きく国家に包摂されながら、学校が定着していった。

独自のカリキュラム

教育内容のまとまりを示す用語として「学科」と「教科」があったが、少数の例外を除いて当初は小学校から大学まで共通して「学科」という用語があてられていた。それが、一八九〇年の小学校令改正(第二次小学校令)から小学校においては「教科」(こんにちの国語、算数などの教科とは異なり小学校課程《コース》の意)と表現されるようになった。このことは、教育と学問を分離して、小学校が教育の場として位置づけられたことを意味する。その後、小学校の教育内容が独自に編成されていくことになる。

小学校においては、その「教科」の下に「教科目」(こんにちの教科)がおかれ、自然科学の基礎教育として、自然の法則にかんする知識より自然への態度形成を重んじた「理科」が、一八九一年に設けられた。また、歴史が、一八九〇年に「日本歴史」となった(歴史については、明治初年には万国史が教材に選ばれていたが、一八八一年にはすでに小学校の歴史の内容を日本史に限定している）。さらに一九二六年には名称が「国史」に改められた。また、一九〇〇年の小学校令改正（第三次小学校令）においては、「読ミ方」「書キ方」「綴《つづ》リ方」で構成された「国語」科が誕生している。

加えて、同改正では「体操」が必須科目とされ、広さ最小一〇〇坪以上、児童一人に平均一坪以上という基準の体操場の設置が五年以内に求められた。

学校の風景

第三次小学校令以降、小学校には必ず敷設が求められた体操場は、野球やテニスなどのスポーツが小学校にまで普及するにともない、「運動場」と称されるようになったとされる。これと併行して、必置ではなかったが、雨天用に屋内体操場の設置が規定された。

このように、小学校の建築は、教室を中心とした校舎と運動場や屋内体操場とが一組で設置されることになった。教室の広さは、一八八〇年代には六×一〇メートルの二〇坪が標準に定められる。これは、一学級の定員の上限を八〇人と定めたことを受けて、畳一枚に二人を必要最低限としたことによる（学級定員は一八八六年には八〇人であったが、一九〇〇年には七〇人とされ、一九四一年の国民学校期には六〇人となる)。

教室は、南に窓、北に廊下があり、前方に教壇、それに対面して子どもの座席が並べられた。教室は、勉強だけでなく遊んだり昼食を食べたりして、子どもが教師とともにあるいは子どもどうしで生活する場とされた。天井高は一〇尺(約三メートル)で、これは冬期にストーブを焚くことを想定し、一酸化炭素中毒を避ける空気容量を医学的に算定したものであった。校舎内には特別教室である裁縫室や理科室などもおかれた。学校の配置は、教師が多数の子どもに一斉に教育内容の伝達や訓練を行うための効率性、管理性を意識した環境の整備という意味もあった。このような標準化された片廊下一文字型と呼ばれる校舎が、日本では一九世紀末頃から量産されていった。

教科ごとに教室を渡り歩く欧米の教科教室型を主とする学校とは異なり、「日本の学校」は、生活の場として教室を配し、知育にとどまらず、体育・徳育を含む、総合的な人間形成を引き受ける場として組織された。机を寄せ合って昼食を取るなど、教室はムラの生活の延長でもあった。片廊下一文字型の校舎と運動場、屋内体操場からなる「日本の学校」の風景は長らく受け継がれていく。

身体の管理・養護

子どもの身体の管理・養護も学校の仕事として積極的に位置づけられていった。

一八九九年から「身体検査」が開始された。それまでは「活力検査」として体格体力の測定がなされていたが、日清戦争後に集団衛生への注目が高まり、一九〇〇年の「学生生徒身体検査規程」によって身体検査は、健康診断を中心とするものに性格を変えて、春と秋の二回実施されるようになった。

一八九八年には全国の公立小学校に一名ずつの学校医をおくことを定めた学校医制度が設けられ、身体検査や必要機器を備えて診断にあたるための専用の部屋が提唱された。この部屋は、一九三四年に小学校令施行規則の改正により「衛生室」と呼称された。

一方、病・虚弱児などに対する特別な配慮や対処、また一般の児童生徒たちへの衛生上の配慮や処置、訓練、指導などの要請が急速に広がり、次第に学校医を補助する「学校看護婦」が採用された。学校に看護婦が雇用されるようになった大きな要因は、日清・日露戦争に出征した兵士たちから広まったトラコーマが蔓延《まんえん》したため、子どもたちの洗眼、点薬治療の必要からであった。

一九二〇年代後半から学校看護婦の数が急増するなかで、衛生室に常駐化が進んだ。

その後一九四一年の国民学校令公布に基づき、学校看護婦にかわって養護訓導の職制が成立した。「教授」「訓練」「養護」は不可分なものとされ、また儀式や行事も教科と一体になって運営することが求められるなかで、欧米における「看護婦(ナース)」としての身分と位置づけをもつ学校看護婦ではなく、「養護ヲ掌《つかさど》ル」教員として養護訓導が制度化されたのである。

このように二〇世紀前後には、「日本の学校」としての小学校がその姿を整え、調整を加えられながら戦後の学校の基礎となるかたちがつくられていたといえる。

三 「生きられる場」の形成と葛藤

義務教育の成立

義務教育とは、子どもが学校に行くことを保障する制度である。「国民が一定の教育を受けることを国家的に義務づけられている教育とその制度」(平原・寺﨑編『教育小事典』)である義務教育は、日本においていつ成立するのか。

義務教育は、子どもを学校にやる義務を保護者に課すことと考えられがちであるが、そもそも学校がなければ就学させられない。その意味で、義務教育は就学義務と学校設置義務が前提となる。一八八六年に学校種別ごとに小学校令、中学校令、師範学校令、帝国大学令からなる学校令(勅令《ちょくれい》)が定められ、小学校においては保護者が子を就学させる義務が示された。その後一八九〇年に改正された第二次小学校令では、市町村を設置者とする学校設置の義務が定められた。

しかし、子どもが学校に行くことを阻む実際の障壁となっていたのは、児童労働である。就学保障義務の用件が整い、実質的な就学が保障されたことを条件として考えるならば、義務教育の成立は、一九〇〇年の第三次小学校令において、学齢児童の雇用者に対して就学を妨げてはならないという規定が示されるまで待たねばならない。日本の義務教育は、二〇世紀前夜の一九〇〇年にそれまでは三年制も認められていたのがすべて四年制に統一され、一九〇七年には六年制に延長された。

戦前の国民の三大義務として、納税と兵役と並んで教育がいわれることがあるが、教育の義務は大日本帝国憲法には規定されていない。教育は権利として位置づけられていなかったので、権利の対となる義務についても定められていなかったとされている。教育の義務は、超憲法的な義務であり、天皇の「仁恵《じんけい》」による「恩恵《おんけい》」として位置づけられていたのである。教育勅語はそれを体現するものであり、天皇制のこうした枠組みに基づいて戦前の日本の義務教育は確立する。

近代国家の創設にあたって、伝統を創造し、それに基づいた近代学校制度を構築したのは日本だけではない。多くの国が伝統を創造することで近代の国民形成を行ったのである。

学校の受容

学校制度の確立と、人びとが学校を受け入れることは同じではない。図1-6は、高校の日本史の教科書にも掲載されている『文部省年報』の数値をもとにつくられた図である。詳細なデータを収集したこの統計を根拠に、学制発足以降約三〇年で日本の社会が(小)学校を受け入れたとされてきた。しかし、近年の研究では、年報をはじめとする文部統計においては学齢児童の数が正確に把握されていないという点が明らかにされている。さらに、二〇世紀に入っても女子を中心に多くの生徒が卒業にまで至らないで中退していたという現状が指摘されている。子どもたちが学校に行くことが当たり前になるのは、もう少し時期を経ねばならなかったといえる。土方苑子によれば、入学者が中退することなく小学校を卒業するようになるのは一九三〇年代とされており、加えてこの時期には、強制されなくとも次の学校(初等後教育機関)に進

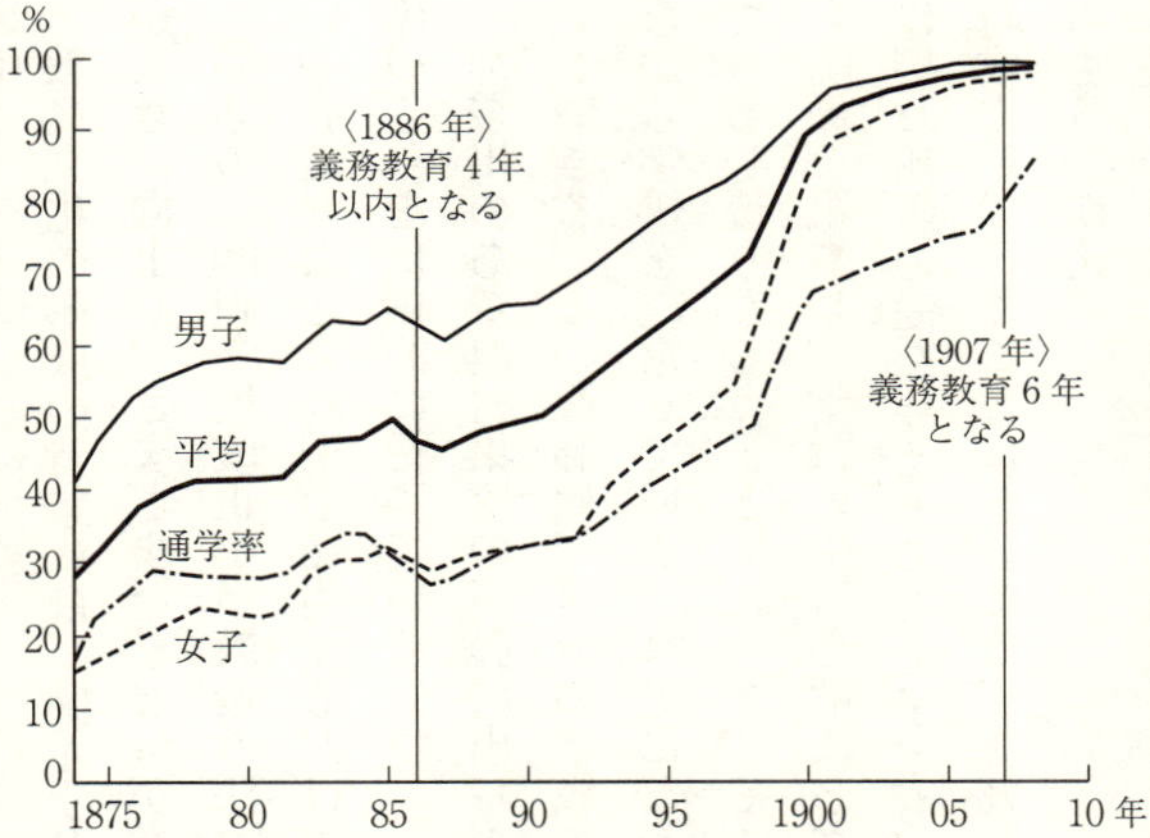

図 1-6　就学率の展開

出所）『日本史 B　改訂版』

むという就学行動がとられるようになった。進んで学校を受け入れるようになった一九三〇年代に至って、人びとが学校を受容したと、本書ではとらえている。

教員文化の形成

国家からの強制力だけでは、子どもを学校に通い続けさせることはできない。日々の実践を成り立たせるために、学校を、「国家の造営物」という子どもにとってよそよそしい存在から、親しむことのできる場へと組み替える工夫が、教師には必要だった。それは、自らの職場を保持することでもある。そのために教職という専門職にある教師がつくりあげた文化を教員文化と呼んでおきたい。教師が、国家の官吏《かんり》としての職務の執行にとどまらず、子ども（やその家族）と独自の関係を結んでいく工夫の文化である。

教員文化の形成の背景には、図1-6にあるように、二〇世紀をむかえるにあたって就学率が大きく向上し、さまざまな子どもが学校にやってくるようになったことがある。先述の『師範学校改正小学教授方法』などの教授書に示されたような、教師としての振る舞いや教え方などの範型を適用するだけでは対応できない状況のなかで、教師は、子どもとの関係づくりを積極的に行っていく。

神奈川のある農村集落の篤農《とくのう》層出身の教師の克明な日記からも、そのことをうかがい知ることができる。この教師は、自分の学級のなかにコアの子ども集団をつくりあげ、それを軸にしながら学級を経営している。コアになった子どもたちは、自発的に師のおもいを読みとり行動できる「優《すぐ》りたる」子どもたちで、その子どもを介して「慕う—慕われる」という教師—子ども関係を組織し、学級の困難を解決していこうとしたのである。教師が子どものために献身的に接し無限の愛を与えることで子どもの信頼を得る、「庇護《ひご》と服従」ともいえる教育関係が当時成立していたことについては、一九二〇年代に日本にいたポルトガル人のモラエスの証言からもうかがえる。

教師と子どもの関係づくりは、教育勅語に示された規範の一方的な押しつけによるものだけではなく、学校での教育を成り立たせるために教師自身が選び取ったものでもあった。一九二〇年代に広範に成立したとされるいわゆる「学級王国」と称される状況は、佐藤学によると、子どもの「自由」を重んじる自由主義教育実践を出自にして公立学校へ普及していくとされるが、日本の教員文化を体現する学級文化の形成の試みがその頃には広く存在していたことをうかがわせる。

「日本の学校」の内部形成

前述したように、一九世紀の末までに小学校教師が、知の伝達者から「徳育=人格の育成者」へ展開したことは、必然的に教師の資質として人間性を問うものであった。同時に、「天皇の赤子《せきし》」である子どもへの献身性が重視され、そのために「殉《じゅん》じる」ことが美徳とされるようになっていく。こうした天皇制とつなげられた「無限定的貢献」への要請は、戦時下でより強調されて顕在化した。教師の殉職が美談として強く押し出されるなど、教師の教育(国家)への奉仕に対する賛辞、献身性の鼓舞《こぶ》など、戦時下という特殊な時空間のなかで、これまで求められていた教師像が集約的に示されたといってもいい。

時として国家の教育の枠組みに対立することにもなる教育実践のなかでも、こうした献身の文化がいわば自生的に生み出された。一九三〇年代に各地で盛んに行われた生活綴方《せいかつつづりかた》は、子どもに自分たちの生活から題材を取って、生活語を用いて書かせ、それを指導するものである。さらにその過程で、作品を通じて子どもたちに生活の現実と自分自身を深くとらえさせるという手法は、日本の教師がつくりあげた独特な教育実践であり、研究方法であった。その担い手であった綴方教師による生活綴方運動は、献身の文化を体現するものである。「たゞ子供達のために、子供達それだけのために、小さな努力をなしつづけようと、自己敗北とは知りつゝも、結局こゝからこそ、私に出来る自己の実現はあるのかもしれない」(成田忠久監修『手紙で綴る北方教育の歴史』八六頁)とは、綴方教師集団の一つ、北方教育運動の担い手の教師のことばである。このなかにも「日本の学校」を支える内側(心性)の基盤形成をみることができる。

このように、当初は国家から与えられた空間として導入された学校は、教師と子どもが生活する場へとつくり直された。

その意味で、教室は、国家の方針がストレートに貫徹される場(国家の制度によって「生かされる場」)でもなく、また逆に教師や子どもの主張がそのまま通る場(自ら「生きる場」)でもない。その独特な調整とせめぎ合いのもとで、教師と子どものいわば「生きられる場」として形成されることになったのである。

学校間接続の実質化

学校が社会に定着することは、制度としての学校の意味を変えていくことになる。それは、学校間の連絡関係(学校間接続・アーティキュレーション)を強める過程でもあった。

戦前の学校制度は、義務教育を終えると、性別、種別に分類された中学校、高等女学校、実業学校という中等学校が準備されていたが、中等学校に進学するのは経済力と学力を有するものに限られていた。一方、初等教育の連続上にあった高等小学校や実業補習学校といった初等後教育機関への進学者は確実に増加していき、一九三〇年代には「義務教育を終えてからも学校に通う」という行為は一般的になっていた。高等小学校や実業補習学校のような、正統な中等学校とは別種のルートも含め、義務教育後の進路としての学校は、一九二〇年代には「中等教育」と「青年教育」というカテゴリーで整理されるようになっていた。

一九三〇年代には、都市部で雇用されるには高等小学校卒業が一つの要件とされてきた。それまでは学歴による地位配分的な機能は中等学校以上が担ってきたのに対して、一九三〇年代には義務制の小学校段階までその機能が下降した。そのため、積極的に学校を利用していた中間層にとどまらず、広く一般の人びとにおいても学校歴が問題とされるようになり、社会全体に進学熱が広がっていった。東京では三分の一以上の者が中等学校に進むようになっていた。

高度成長期の前景

東京では、一九三〇年代に有名進学校が形成されていた。中等学校進学をめぐる小学校間の格差が存在し、区を越えて進学拠点校への越境入学も始まっていた。反対に進学校を避ける逆越境も存在するようになった。

地方部でも同様の進学状況があり、大きな地方都市をもたなかった山口県でも「試験地獄などといふ言葉も出来て本県の様な左程《さほど》入学難の無いところも東京大阪等の大都会なみに地獄気分に引き込まれる様にな」っている(学事行政当局、一九四〇年)など、入試は全国的に大きな社会問題となっていた。

児童文集などに入試への緊張感を記す子どもや、進学しない子が入試のための「学力」に対抗し「実力」をつけて世の中に出たいと表明する学校通信や綴方が多くみられた。相対的に独自の場とされていたはずの小学校が、上級学校へとつながる学校体系へ包摂されていったことで、子どもの内面にも影響を与えたことがうかがえる。

また、経済的な理由で中等学校へ進学できない少年が、「五修」(尋常小学校五年から中等学校への進学を可能にした）制度を利用して中学校に合格しながら、高等小学校へ進学するという例もあった。これらは、進学秩序に憤った子どもが自己のアイデンティティを保持しようとする心情や行動であるともとらえられる。進学を前提とした学校制度の秩序が子どもに強く内面化されたことがうかがえる。

学校は「入試による選抜」への対応を求められ、その結果、初等学校は社会統合的な役割を担い中等学校以上は地位配分的な役割を担うという、日本の学校制度の形成原理は、すでにこの時期に動揺しはじめていたのである。

こうした動向は、制度の運用の仕方にも影響を与えた。学籍簿は、子どもの学籍を記すと同時に、学校での評価を最終的に記す重要な表簿であるが、一九三八年に学籍簿の大きな改革が実施された。教師の主観が入りやすいこれまでの「甲」「乙」「丙」「丁」の絶対評価にかわって、対外的な成績の証明も意識した一〇点法の評定項目を掲げた相対評価が導入された。これは、上級学校や社会との関係を意識した改革であった。しかし、戦時下の一九四一年には、小学校にかわって設けられた国民学校においては「優」「良」「可」の評定を導入し、「良」を標準とした臣民（皇民）形成のための絶対評価となった。

戦後の一九六〇年代に、義務教育をめぐって、地位配分的な機能が強まっていく中学校の教育が大きな問題となったが、すでに一九三〇年代に小学校の場で起きていた動向が底流となっている。

戦時下の学校改革と国民学校

「満州事変」後、日本の社会は戦時下に入るが、教育の本格的な戦時体制化は、日中戦争の拡大を契機にした一九三七年以降である。その教育改革の基本構想に大きな役割を果たしたのは、内閣直属の教育審議会(一九三七〜四二年)である。教育の戦時体制化を進めるにあたり、それまでの学制上の根幹にかかわる課題に対応する必要があったのである。小学校の八年制への年限延長、教育方法の原理の見直し、複線化されていた中等学校の一元化、男子の青年学校の義務化などが議論されたが、答申や建議を受けて施行されたもののうち、もっとも大きな影響力をもったものが国民学校の創設であった(図1-7参照)。

一九四一年四月から四七年三月まで、小学校にかわって国民学校が設置され、「皇国民の基礎的錬成《れんせい》」を目的とする機関として、アジア・太平洋戦争下での教育の戦時体制の要を担わされた。

国民学校では、徹底した軍国教育が実施されると同時に、それまでの日本の近代学校が「実践的で有用な人間をつくりあげていない」とし、「心身一体ノ訓練」「知行合一《ちこうごういつ》」などをスローガンに、皇国民の「錬成」が行われた。国語、算術などに分立されていた教科目は、国民科、理数科などの「教科」に束ねられ、その下に国語、理科などの「科目」が設けられた。「教授」は、「訓練」や「養護」と一体のものとして位置づけ直された。また教師と生徒の一方的な上下関係を批判的にとらえ、「師弟同行《どうぎょう》」であるべきとして、自然に関係が生成されることが目指されたのである。「授業」ということばがこの時期に一般的に用いられるようになった。

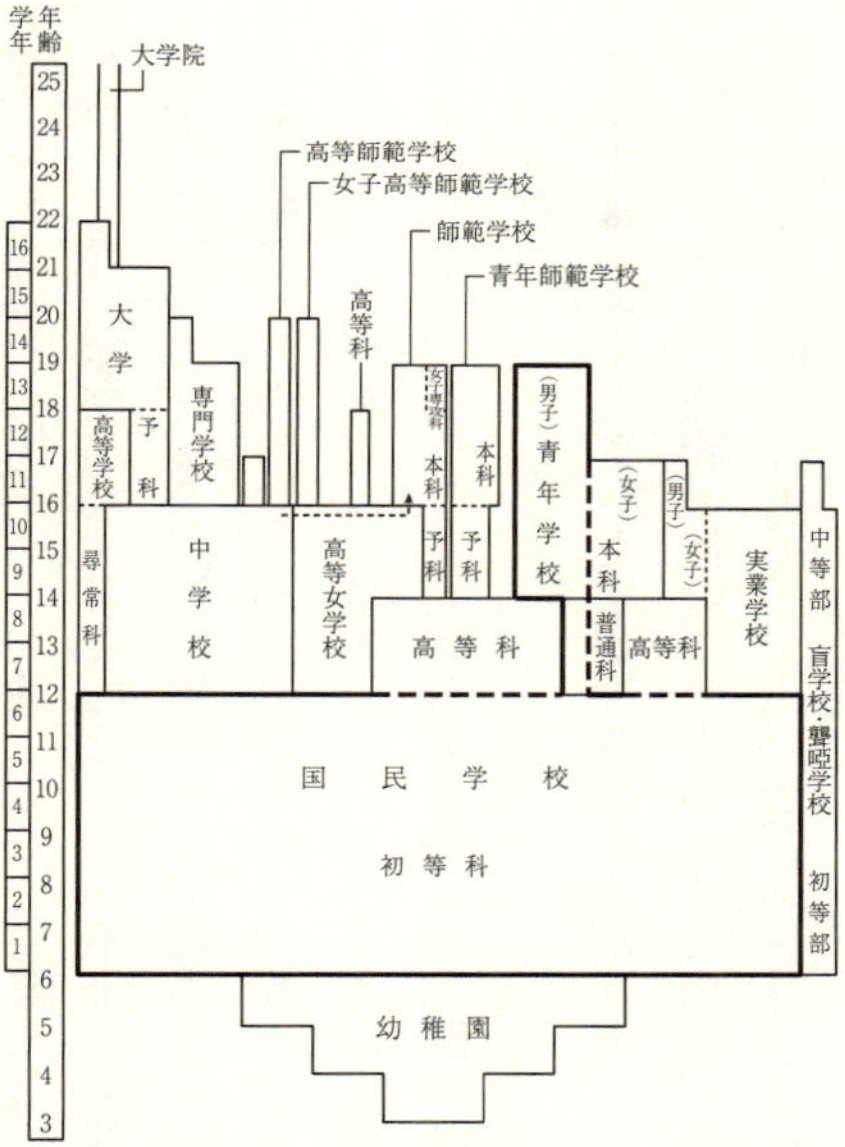

図 1-7 1944 年の学校体系
出所)『学制百年史(資料編)』

　これらは、分析され要素別に分けられた文化財を教師から生徒に伝達するという、近代学校の原形が批判されたといえる。分析では生きた力の育成にはならず、それを一つのものとしてまるごととらえる総合的なとらえ方が大切だという認識がそこにあった。近代学校が人間形成においては不十分で抑圧的なものであるという認識は、一九二〇〜三〇年代の奈良女子高等師範学校の附属小学校の研究・実践などですでに示されており、そこで主張された合科《ごうか》学習が国民学校でも取り入れられていた。

このように戦時教育は、積年の近代教育の克服も課題としていたのである。ただし、戦時下の日常のなかで、こうした人間形成の根本の問題は深められることなく、実際には身体的な訓育実践が横行した。

戦時中は、懸案《けんあん》とされた学制改革の多くが、実質をともなって実現することはほとんどなかった。たとえば、教育の機会均等ということでは、中等教育の一元化は一九四三年の中等学校令において制度的には実現するが、実質的には旧来のままの存在であり続け、「中等教育」と「青年教育」の一元化は審議の枠外にあった。ただし、中学校と高等女学校は夜間課程が認められるようになり、すでに存在した実業学校の定時制も含めて、戦後の新制高校の定時制の課程の前身の一つとなった。

第二章　新学制の出発
——戦後から高度成長前

本章では、戦後の新学制の出発から高度成長期前の一九五〇年代中盤を戦後第Ⅰ期としてとらえ、新しい制度のもとでの日本の学校についてみる。この時期は、戦争への反省を踏まえ、日本国憲法と教育基本法の理念とそれに基づく新制度によって、戦後社会における学校の新しい枠組みが構築された。

敗戦とこれに続く混乱のなかで、戦後日本は出発した。それゆえに、理想を掲げて新しい日本をつくっていくことの、社会的な意味が人びとに共有されていた時代でもあったといえよう。とはいえ、現実の学校は、貧困と、戦前から地続きの同質的な共同体社会の制約のなかにおかれていた。ここでは、学校をめぐる理念・制度と人びとの生活との葛藤に注目したい。

一　戦後の学校の枠組み

一九四五年八月一四日、日本はポツダム宣言を受諾《じゅだく》して無条件降伏した。日本の学校は、敗戦を経て焦土《しょうど》のなかで戦後を迎えたが、八月二八日には、はやくも文部省から学校授業再開の通達を受けている。学校現場では、戦火による校舎などの焼失被災で、教室確保もままならず、二部制や三部制、なかには屋外の青空教室などで対応するところもあった。教師不足も深刻であった。子どもたちの生活は破壊され、食糧難による欠食、浮浪児童問題など、学校はさまざまな深刻な状況に向き合わざるを得なかった。

そのようななかで戦後教育改革は、教育の理念を、戦前の「国家のための教育」から、民主主義国家の礎となるべき個人の「権利としての教育」へと転換させる。

教育基本法と六―三―三制

アメリカを中心とする連合国による間接統治のもとで、一九四六年一一月、平和主義、国民主権、基本的人権の尊重を基本原則とした日本国憲法が公布された。この憲法の理念と目的を実現するうえでの教育の役割が示されたのが、翌年施行された教育基本法である。

教育基本法は、法律としては異例の「前文」をもち、「憲法の附属法」的性格をもつ法律とされた。また、戦前の国家主義と戦争への反省を踏まえ、国家権力を拘束する規範性を色濃く示していた。戦前の教育勅語を支柱とし国家に対する忠誠を強いる教育は、憲法に基づき個人の権利へとおきかえられ、この教育基本法のもと戦後の教育の枠組みがつくりあげられた。すなわち、「人格の完成」を目的とし、「真理と正義」を愛し、「個人の価値」を尊び、「勤労と責任」を重んじ、「自主的精神に充ちた心身《み》」をもつ、「平和的な国家及び社会の形成者」の育成が謳《うた》われた。戦前のように「国家に不当に支配されない」という反省に立ち、自律的な主体に子どもを成長させようとするリベラリズムの社会観に支えられ、個としての人格的成長を前提とした主権在民の実質化が目指されたのである。

教育基本法に基づいて戦後の学校制度の法的整備が進められるが、その中核を担うのが、諸学校を包括する法律としての学校教育法である。

六‐三‐三制とは、この学校教育法によって法制化された単線型学校体系である。小学校と前期の中等教育である中学校までを義務教育とし、高校までを射程に入れて、すべての人に開かれた体系である。望めば大学までも含めていることで六‐三‐三‐四制とする場合もある。

戦前においては、限られた人しか中等学校に進学できず、女性はさらなる限定的な進学条件が課せられていた。戦前の「複線型」の閉じられていた制度への反省に基づき、教育を「男女平等」および「能力に応じて等しく教育を受け得るという教育の機会均等」という、権利の体系として位置づけたのがこの制度であった。

六―三―三制の成立の経緯

六―三―三制は、占領期政策の影響を受けて制度化されたものであることはいうまでもないが、占領軍から「一方的に押しつけられた」制度とされることは事実としては正確とはいえない。一九四六年三月三一日に、戦後教育改革の青写真といわれる「第一次米国教育使節団報告書」が提出され、そこに六―三―三制が示されている。しかし、その直前の三月一七日の草案の段階では、六―三―三制ではなく六―五制による戦後学校制度のプランが示されており、この一週間の間に六―三―三制に変更されたとおもわれる。

日本政府は、アメリカ教育使節団の来日に先立ってこれと交渉にあたることができるように、一九四六年一月に東京帝大総長の南原繁《なんばらしげる》を委員長に日本側教育家委員会を組織した。当該委員会が戦後の学校制度として構想していたのは、六年制の「小学校」、三年制の「初級中学校又

信濃毎日新聞

教育の柱 6·3·3制

日本の要望で導入

米側は押し付けず

教育史調査団 文書を収集、解明

図2–1　信濃毎日新聞，1986年9月14日

ハ中学校」、三年制の「上級中学校又ハ高校」であった。この内容を南原をはじめとする委員会が使節団に積極的に働きかけることで、六―三―三制構想を使節団報告書に盛り込ませることになったと推察できる(図2―1)。

六―三―三制のアイデアは、日本において一九二〇年代にはすでに議論の対象とされていた。なかでも東京帝大の阿部《あべ》重孝《しげたか》の『教育改革論』(一九三七年)などでの主張は、直接戦後改革につながるものである。そこでは、教育を受ける機会の平等を保障するために単線型の教育制度の導入を図る必要を示している。阿部が文部関係の審議会委員などを歴任し、文部行政とのかかわりを強くもっていた点からも、その影響力は大きかったとおもわれる。さらに、戦時下で教育の枠組みを築こうとした教育審議会では、中等教育を一部の特権とすることを否定し、初等教育からの段階的連続性を強調する流れが形成されていた。

このように六―三―三制の採用は、学校制度改革の実現性と安定性という点から日本側の案をもとに選択されたものとされている。戦前の国民学校高等科と青年学校を活用して三年制の新制中学校がつくりあげられたが、三羽光彦が指摘するように、六―五制の場合、一つの学校のなかに三年の義務教育と二年の非義務教育が混在することになるため、制度運用上の問題に留意して六―三制を採用したものとされる。その意味で、前述の六―五制と六―三制は教育の機会均等という理念においては共通しており、戦後の学校制度改革の本質的な点は、単線型の学校制度を確立し、性別、社会的階層、地域を問わず教育を受ける機会を保障する制度を導入したということである。六―三―三制の発足時の体系は図2―2に示した（短期大学は一九五〇年

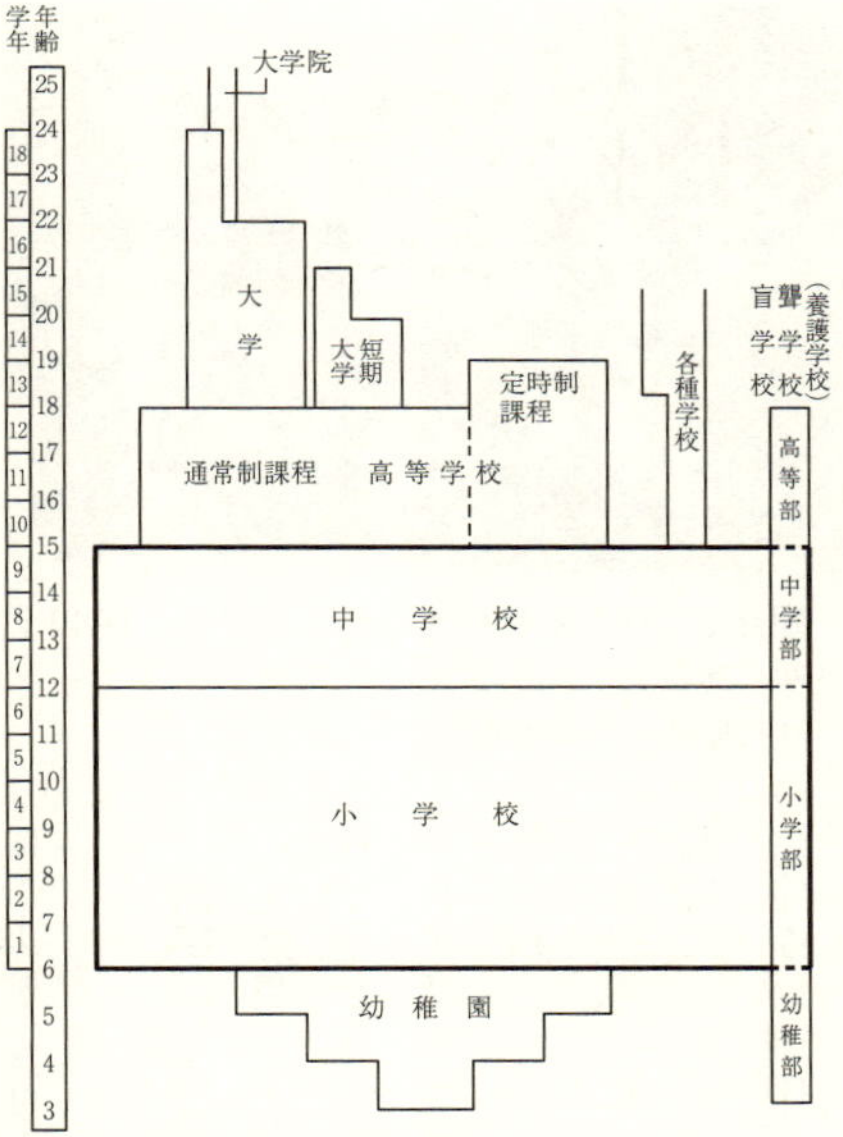

図2–2　1949年の学校の体系
出所）『学制百年史（資料編）』

に暫定的な制度として発足)。

新学制の構築

一九四七年の学校教育法の施行にともない、戦時体制のもとで小学校を廃して創設されていた国民学校は、再び小学校へと戻された。義務制の新制中学校が創設され、新学制の出発は、「日本の新学期」ともとらえられた。一九四八年には新制高等学校(高校)が、さらに翌四九年五月には新制の国立大学も発足する。一九五三年度には、大学が新制中学校―高校を経た初めての入学生を迎え、戦後の教育制度が実質的につながった。一年生から新制中学校で学んだ者が初めて高校に入学した一九五〇年三月時点で、高校進学率は全体の四二・五%、女子では三六・一%であった。

図 2-3　仲良く登校する男女高校生. 1948年, 大阪.
写真提供) 朝日新聞社

新制の高校は、小学区制、総合制、男女共学(図2-3)という、のちに高校三原則(公立高校統廃合の三原則)とされる改革原則をもとにしていた。すなわち、一つの通学区に一校の高校を設置し、通学区内の希望者をすべて入学させる小学区制、単一の学校内に多様な学科やコースなどを設け、進学にも就職にも対応できる総合制、そして男女共学である。ただし男女共学については、占領軍の地方軍政部ごとの対応の違いがあり、特に関東以北では実現できなかったところが多かった。

新制大学においては、教育、研究、入学資格などの水準が異なる官立の高等教育機関の統合・再編が図られた。占領下という制約もあり、厳しい財政条件のなか、大学間の格差を残しながらではあったが、新制度に速やかに移行を果たした。

一方、同じ敗戦国の西ドイツは、同様にアメリカ教育使節団から単線型学校システム導入の勧告を受けたが、これを採用せず、ワイマール体制への回帰(復古)という流れのなかで戦後教育改革を実施し、ナチ・イデオロギーを否定する再教育が徹底された。しかし、教育の機会均等等を目指した単線型学校システムの導入については、イギリス、フランスの不同意や西ドイツ側自体の抵抗などで貫徹されなかったのである。

一条校と各種学校

このように学校教育法は、日本の学校を一元的に規定した。その第一条で、学校を小学校、中学校、高校、大学、盲《もう》学校、聾《ろう》学校、養護学校および幼稚園と定義した。これらの学校は、「学校教育法の第一条に規定される学校」という意味で「一条校」と呼ばれる(小学校、中学校は義務制)。

一条校にも多様な形態があり、なかでも就労との関係に対応するために、高校には定時制や通信制をおくなど、複数のカリキュラムを設けた。高校の定時制への就学者は一九五〇年代には高校生全体の二割を超えていた。さらに、一条校には含まれないが、「学校教育に類する教育」を行うもので所定の要件を満たす教育施設として、各種学校を規定している。

新制中学校の創設

前期中等教育として義務化された新制中学校の発足は、戦後日本の教育制度を象徴するものであった。中学校は、小学校に接続する唯一の学校で、教育基本法の理念のもと、すべての国民に共通で単一な「中等普通教育」を施す機関として登場した。中等教育の機会を平等に保障するということを目的とした、六―三―三制の根幹を担う学校であり、卒業後進学する者にも仕事につく者にも対応する、いわば総合制中等学校の性格を有していた。

だがその設立は困難を極めた。戦災と敗戦の混乱にもかかわらず独立の校舎と教師の確保が厳格に求められたため、樹齢数百年の神木を切り倒して建築材にあてたり、資金を調達できずに村長が自殺をするといった血涙史を刻みつつ、中学校は社会に定着していった。その背景には、戦前すでに、小学校卒業後の高等小学校やさらに初等後教育機関の諸学校への相当の進学実績があったことや、戦前の複線型青年期教育に対する一元化の要求があったことがあげられる。

一九四〇年代の世界の学校制度の動向に視野を広げてみると、中等学校レベルをフルタイムで義務化していたのはアメリカのほかには無かった。その意味で、新制中学校の義務教育化が決定されたことは、世界的に大いなる実験ととらえられ、戦後の日本の学校の行く末を占うものとして注目されたのである。

新制高校の出発

戦後の新制の高校は、義務教育後の唯一の進学先として位置づけられた。新制高校は、「高等普通教育及び専門教育」を目的とし、全日制課程では三年、定時制および通信制の課程では三年以上の修業年限を定めた教育機関として出発する。性別や種別で複線的に組織・編成されていた戦前の中等学校制度を、「総合制」の理念に基づいて再編成したものであった。前述したように、「総合制」の理念は、「小学区制」「男女共学」とともに「高校三原則」として、戦後の高校の制度理念を象徴するものとされている。この三原則は、後述する高校全入運動など、のちの教育運動のなかで目指されるべき基準として強く意識されることになる。

総合制に基づく高校は、大幅な教科選択制やミックスホームルームなど課程の垣根を越える取り組みが行われたところもあるが、多くの場合実態は財政難にともなう統廃合による寄り合い所帯で、一つの高校に複数の課程が併置されたものであった。男女共学も、先述したように地域差があり、北関東や東北では実施率は低く、男女別学の高校として出発するところも多かった。小学区制は、関東の多くの都県、宮城、長野、大阪などを除いて導入がなされたが、一九五〇年代中頃以降は、県下を数個の大学区に再編する動向がみられるようになった。

定時制課程の設置

六―三―三制の定着の重要な基盤として、中学校修了後、さらに「継続的に学校教育を継続しようとするものを全員収容」する高校の確保が目指された(文部省「新学校制度実施準備の案内」一九四七年三月)。しかし高校の新設は、地方自治体の財源不足のなかで容易ではなかった。より多くの入学希望者を受け入れるために、定時制課程の設置が妥協策として認められた。一九四八年の定時制課程発足当時、高校在籍者に占める定時制在籍者の割合は一四％程度であり、一〇年間ほどは二〇％程度を維持する。

しかし、高校進学率の上昇にともなって全日制課程が普及し、定時制課程の割合は五三年の二二・八％をピークに縮小していく。片岡栄美の整理では、定時制課程の全国的な展開は、拡大期（一九四八〜五三年）、維持期（一九五三〜六五年）、衰退期（一九六五年〜）というふうにとらえられ、農村部と都市部でも推移に違いがある。農村部では、農閑期《のうかんき》に限定した昼間定時制が主だったため、高度成長期には急速に生徒数が減少する。都市部では、工場勤務の青少年を対象とした夜間課程が主だったため、むしろ高度成長期には学校数や生徒数が増加した地域が多かった。

一九六二年に公開された『キューポラのある街』は、溶解炉《ようかいろ》（キューポラ）の煙突が林立する鋳物の街、埼玉県川口市を舞台とした青春映画である。貧しい鋳物《いもの》職人の長女ジュンが、高校で学ぶことで新しい生活を拓きたいと全日制の高校を志願するが、貧しさゆえ苦悩しながらも定時制を選択する姿は、当時の高校進学の状況を描き出している。学校とは無縁だった職人たちが、子どもたちの進学を通して、「学校を前提とする社会」に包摂されていく様がみてとれる。その橋渡しをしたのが定時制高校であった。

「夜間中学」の出現と福祉教員

新制度の出発を不安定にしたのは、六―三制の象徴とされた新制中学校の対象者でありながら、生計をたてるために働かざるを得ない大量の子どもたちの存在であった。そうした子どもたちの実態について、近年の浅野慎一や江口怜らの研究からみておきたい。

長欠児童生徒援護会の調べでは、一九四七年度入学者から五五年度卒業者までの累計で、卒業時と入学時の人数差として表れる中学校の「脱落者」の数は、四九万五一五一人となっている。不就学・長欠児童生徒に義務教育が保障されないこうした状況に対して就学機会をひらこうと、公立中学校に夜間学級や分教場を設置する動きが起こった。

新制中学校開設の半年後にはすでに、大阪市立生野《いくの》第二中学校で夜間授業が開始されている。このような学校は、一般には「夜間中学」と呼称されたが、文部省は「夜間に授業を行う学級をもつ中学校」「中学校夜間学級」などと称して、「夜間中学(校)」という表記自体を長らく用いてこなかった。文部省にとっては、中学校のみが正規の学校であり、夜間中学は制度上存在しないものであった。しかし、現実的に働かざるを得ず日中に中学校に行けない子どもたちへの対応を求める声にいわば押されるかたちで、夜間中学を黙認していくことになった。

一九四九年の神戸市立駒ケ林《こまがばやし》中学校を皮切りに、公立夜間中学が近畿地方を中心とした西日本に広がり、さらに全国各地で相次いでつくられ、一九五四年には八七校を数えた。

不就学・長欠児童生徒の就学対策として、夜間中学以外にも各自治体レベルでの福祉教員の制度がある。ただし福祉教員（訪問教師）は、あくまで昼間に通常の学級に復帰させることを目的としており、学用品補助等はあったものの、昼間に就労している子どもを就学に向かわせることは難しかったと推察される。とはいえ、夜間中学より福祉教員のほうが、予算面からも既存の学校体系と摩擦が少ないことからも、導入しやすかったとおもわれる。八王子市では、まず、訪問教師が配置され、発見された長欠児童生徒の就学実現のために夜間中学を開設していた。

類似のものとしては、尼崎市の補導員制度がある。補導員には退職校長らが就いて、訪問教師的な役割を果たし、夜間中学と連携していた。このように、さまざまなかたちで新制度のもとで就学を支える実践が存在していたのである。

障害児の学校

戦前は義務教育の対象から除外されていた障害児に対して、等しく教育を受ける権利が保障された。旧法制下では一般の学校とは別の勅令で制度化されていた盲・聾学校や、下位規則や省令で認められていたにすぎなかった養護学校や特殊学級が、学校教育法によって法制化されたのである。

あわせて学校設置についても、旧法令で設置義務があった盲・聾学校に加えて、任意の設置であった養護学校についても都道府県が設置義務をもつと位置づけられた。さらに、病気などで学校へ通えない子どものための病院内学級や派遣教員制度が設けられた。ただし、学齢期(六歳から一五歳)のうち、「病弱」「発育不完全」「その他やむを得ない事由」のために就学困難と認められる子どもの保護者に対しては就学義務猶予・免除規定が存置され、就学の義務制は延期された。

就学猶予、あるいは免除で入学しなかった/できなかった子どもたちは在宅や医療機関および福祉施設などが受け皿となった。障害のある子どもに対しては、教育(学校教育法)と福祉(児童福祉法)にまたがる法制システムで対応することになったのである。この二元的法制による対応は、就学前の幼稚園と保育所でもみることができる。

保護者への就学義務化は、盲・聾学校は一九四八年から学年進行で実施され、五六年に完成した。就学義務猶予・免除規定により延期されていた養護学校については、一九七九年にいたって義務化された。これにより、すべての子どもの完全就学が求められたことになり、教育基本法の実質化として位置づけられた。

養護学校義務化は、障害のある子どもの発達保障の機会を獲得するものとして評価された(発達保障論)が、一方、養護学校は障害のある子を地域の学校や子どもたちから分離し排除するものとして批判され(共生共育論)、対立することになった。これは、こんにちまで一貫して底流にある議論といえる。

朝鮮学校をめぐって

学校教育法のもとで「学校」が制度化されたが、その枠外の「学校」、たとえば、自由学園の高等部のようにカリキュラムに縛られないような自由な「学校」や、朝鮮学校のように法規から除外された「学校」も存在した。

戦後、在日の朝鮮人で植民地支配から脱したのちも朝鮮半島に戻れなかったり戻らなかったりした人びとの子どもたちを対象に、朝鮮語習得を目的とする国語講習所が開かれた。国語講習所は、一九四六年頃には生徒数は六万人で、独自の教材を用い、在日本朝鮮人連盟(略称は朝連)事務所、地元の小学校校舎、民家などを借り、全国各地におよそ五〇〇校が叢生した。

その後、朝鮮民族としてのアイデンティティの形成と就学要求を強く意識した朝鮮学校に改組された。

一九五二年までは、在日朝鮮人は日本国籍をもっており、日本国民である以上は小・中学校に就学する義務があるとして、朝鮮学校は廃止の対象とされた。それに対して、朝鮮語による民族教育を要求して朝鮮学校存続の運動が組織化されていく。なかでも一九四八年のいわゆる「阪神教育闘争」では、文部省による学校閉鎖命令に強く抵抗する在日朝鮮人の運動が激化するなか、戦後唯一の非常事態宣言が発せられた。その後、四九年の学校閉鎖令によって朝鮮学校の強制閉鎖が実施された。

一九五二年四月のサンフランシスコ講和条約の発効により、在日朝鮮人は日本国籍を喪失することになり、在日朝鮮人の教育権を保障するものとして朝鮮学校を各種学校に認定するよう求める各種学校認可取得運動が展開された。それに対する日本政府の在日朝鮮人教育認識を示したのが、以下の文部省事務次官通達である。「朝鮮人としての民族性または国民性を涵養《かんよう》することを目的とする朝鮮人学校は、わが国の社会にとって、各種学校の地位を与える積極的意義を有するものとは認められない」（一九六五年一二月二八日、文部省事務次官通達）。

しかし実際には、各種学校は、公立のものは都道府県の教育委員会が認可し、私立のものは都道府県知事が認可することになっており、一九五〇年代中頃から徐々に朝鮮学校は各種学校の認可を取得し、前述の六五年の通達後にむしろ認可取得運動は高揚した。一九六八年四月に朝鮮大学校が各種学校に認可され、七五年までにすべての朝鮮学校が法人認可を取得して各種学校と認可された。

国籍保持者に対象を限定する学校制度の問題は、教育刷新委員会（一九四六年内閣総理大臣直属として設置）が教育基本法の帝国議会提出案としてGHQ／SCAP（連合国最高司令官総司令部）に提示した英文教育基本法案において、教育の対象をthe peopleとしたが、日本文では「国民」として国籍保持者に限定したことが引き起こしたものともいえる。その結果、教育基本法下において、教育の自主性や民族教育がもつ「価値」が、教育の「公共性」と相容れないものとして排されることが起きることになった。

開拓地の学校

戦後の日本は出発時、戦時期の混乱の解消を課題としていた。

旧満州・樺太からの引揚者による戦後開拓地への入植事業のなかでも学校が作られた。入植による人口の増加など、開拓の進捗に合わせて飲料水や電気施設、診療所など生活インフラの整備が急務だったが、それらと合わせて必要とされたのが小中学校であった。へき地に該当する開拓地では、一九四六年度に学校分校整備のための補助制度が設けられ、へき地教育振興法と合わせて学校の新設が進められた。

青森県では、一九四七年度から六三年度までに四八校が新設された。

高瀬雅弘らの調査によると、旧鳴沢村立東鳴沢中学校は、敗戦後間もない一九四五年一一月に策定された「緊急開拓事業実施要領」に基づいて、約五千ヘクタールの広大な演習地跡である山田野地区に入植した人びとがつくった学校で、山田野演習場廠舎《しょうしゃ》の一棟が校舎となった。また、深浦町の長慶平《ちょうけいだいら》地区では単身入植での開拓がはじまったのち、一九四八年二月には家族を呼び寄せての生活ができるようになったが、子どもが通える学校がなかった。そこで、開拓者の一人が開拓農業協同組合の事務所に子どもを集めて塾のようなかたちで勉強を教えはじめ、その後深浦小学校長慶平分校が認可された。同校では、事務所で勉強を教えはじめた二月二三日が、創立記念日となっている。

戦後開拓地に新しい社会を築いていくうえで、学校は重要な役割を担うことになった。

沖縄の経験

住民を巻き込む凄惨な地上戦ののち、直接的な軍事占領下で始まった沖縄の戦後は、日本社会の「戦後」が一つではなかったことを象徴的に示す。一九五二年に日本は独立を回復するが、奄美は五三年、沖縄は七二年までアメリカ軍政下におかれ続けた。

その間「沖縄の教育基本法」は、分割統治下の宮古(一九四八年)、八重山(一九四九年)、奄美(一九四九年)のそれぞれの民政府時代に定められた。また沖縄本島では、群島政府時代の一九五一年に教育基本条例が設けられ、教育基本法が学校教育法や教育委員会法、社会教育法とともに成立(民立法)するのは一九五八年である。アメリカ軍政下においては、教育法規の整備に非常な困難がともなったぶん、沖縄では教育基本法は「抵抗の精神」の象徴として、大きな意味が与えられた。

日教組と民間教育研究団体

一九四七年には、日本教職員組合(日教組《にっきょうそ》)が創設された。日教組は、一九五〇年代に「教え子を再び戦場に送るな」をスローガンに文部省と激しく対立し、文部省対日教組という構図をつくりあげた。この構図は、保守合同による自由民主党の結成と左右の社会党の統一という政治における五五年体制、すなわち東西の冷戦構造の日本的な形態を背景にしている。

日教組は、のちにふれる任命制教育委員会のもとでの勤務評定やそれと軌を一にした特設道徳導入の阻止に向けて、「非常事態宣言」を示し総力を挙げて取り組んだのをはじめ、その後も全国一斉学力調査、主任制、国旗・国歌導入などへの反対運動、教科書裁判の支援やカリキュラムの自主編成などを展開していく。

日教組と文部省の対立の動向と深くかかわりながら、民間の教育研究団体が次々と発足した。それらがつくりあげた教育実践の成果が、日本の学校に与えた影響も小さくなかった。

戦後すぐの一九四六年には民主主義教育研究会(四八年に日本民主主義教育協会へ解消)が結成され、さらに四八年にはコア・カリキュラム連盟、四九年には歴史教育者協議会(歴教協)、五〇年には日本綴方の会(翌年に日本作文の会に解消)が組織された。五〇年代に入ると、対日占領期政策の転換や日教組の教育研究集会開催に呼応するかのように教育科学研究会が再建(教科研、一九五二年)され、数学教育協議会(数教協、一九五一年)、科学教育研究協議会(科教協、一九五四年)など、学校における各教科の内容を自主的に研究する組織の誕生が続き、カリキュラムの自主編成運動が繰り広げられた。

なかでも遠山啓《とおやまひらく》を中心にした数教協は、「量の指導体系」をもとにした数学教育体系の再編を独自に進めた。「水道方式の計算指導体系」といわれるこの体系は、現場教師の支持を得て、のちに教科書にも掲載されることになる。

戦後の教育や学校に圧倒的な影響を与えてきた日教組であるが、その実像は戦後の労働組合を取り巻く複雑な情勢のなかで十分に明らかにされてこなかった。戦後八〇年を前にして広田照幸らによってその解明が進められつつある。

二　教育行政とカリキュラム

民主化とタテワリ化

戦前まで学校のガバナンスは一貫して国家の管理のもとにおかれてきたが、戦後改革においては、「教育は、不当な支配に服することなく、国民全体に対し直接に責任を負って行われるべき」(一九四七年教育基本法第一〇条)とされた。その実現のため、教育行政改革の原則として、地方分権、民主化、一般行政からの分離・独立が据えられた。

教育行政の民主化とは、官僚統制によるのではなく、教育委員の公選制を介して地域住民の意思を反映した教育行政の実現を示すものであった。教育委員会は、すべての都道府県と市町村におかれ、七人(都道府県)または五人(市町村)の委員からなる、首長から独立した行政委員会とされた。教育委員会の公選制は、戦後教育行政を象徴するものであり、教育にかんする意思決定は国家ではなく国民自身が担うものとされたのである。

ただし、荻原克男の研究によると、戦前の内務省―知事を中軸とする中央統制が、戦後に個別中央各省ごとのタテの行政系列のシステムとなったなかでも、文部行政は特に文部省を頂点として地方教育委員会事務局に至る、より一貫したタテの行政系列を制度化させた。「教育の政治的中立性が保たれない」とされた教育委員の選挙は、大都市、政令指定都市においては二回実施後、ほかは一度だけで廃止され、一九五六年には首長による任命制に移行することになった。教育行政の公選制から任命制への移行は、実質的には、文部省を頂点とした各地方教育委員会事務局に至るタテの行政系列を強固にし、中央統制と規格化が進められていくことでもあった。

学習指導要領に基づくカリキュラム

戦後の学校の出発におけるもっとも大きな困難は、「何を教えるか」が定まっていなかったことである。一九四六年六月には文部省から新教育指針が提示され、教師自身が「自由に考え、批判しつつ、自ら新教育のめあてを見出」すことが期待された。しかし、学校現場の戸惑いは大きく、実際にはそれまでの教科書が墨塗りして使用されるなどした。

学校の支柱は、子どもに「何を教えるか」ということであり、その原理や体系を表すカリキュラムである。新学制のもとでのカリキュラムの制度的な枠組み(教育課程)は、アメリカの各州ごとのカリキュラムともいうべき「コース・オブ・スタディ」などを参考にして、一九四七年に文部省によって小・中・高校おのおの一般編と教科編に分冊された学習指導要領「試案」というかたちで示された。その序文では戦前のカリキュラム(教授要目)との違いを以下のように示している。

「いまわが国の教育はこれまでとちがった方向にむかって進んでいる。(中略)いちばんたいせつだと思われることは、これまでとかく上の方からきめて与えられたことを、どこまでもそのとおりに実行するといった画一的な傾きのあつた《ママ》のが、こんどはむしろ下の方からみんなの力で、いろいろと、作りあげて行くようになって来たということである」(文部省「学習指導要領一般編(試案)」一九四七年、序論)

学習指導要領(試案)は、子どもたちの教育に直接あたる教師が子どもの現状に応じたカリキュラムをつくりあげるための「教師自身が自分で研究して行く手引き」とされた。これにより各学校の裁量権を強くした自主的な課程編成が各地で実施された。学習指導要領に「試案」と付されたのは、そのことを端的に示している。

出発時点の学習指導要領は、子どもの経験を中心におく経験主義に根ざしたものであった。教育は、経験を連続的に改造していく過程としてとらえられた。地域社会での子どもたちの経験を学校で再構成し深めることで、子どもを地域社会の問題解決にあたることができる市民へと養成することが目指されたのである。

その中心となり戦後教育の花形とされたのが「社会科」である。新設の総合教科である社会科は、「社会生活についての良識と性格とを養う」ことを目的とし、これまでの教科書中心の知識とは違い、子どもたちの現実の生活の問題解決に取り組む科目として、一九四七年九月に発足した。

学習指導要領は、一九五八年以降、ほぼ一〇年に一度改訂された。後述するように一九五八年からは「試案」の文言が削除される。その結果、カリキュラムは学校現場の裁量が大きく制約されるかたちで編成されるようになっていく。

特別教育活動の重視

新学制下のカリキュラムは、教科教育とともに教科外活動を学校教育の領域として明確に位置づけた。教科外活動における子どもの自主的、自治的な集団活動は、民主主義社会の市民として不可欠な「公民としての資質」を高めるために、また「民主主義生活の方法」を学ぶために欠かせないものとされたのである。

一九四七年版の学習指導要領においては、カリキュラム（教育課程）は「教科課程」という名称で示され、「教科」および「自由研究」から編成されていた。「自由研究」は、教科の学習の個別的発展とされ、「クラブ活動」や自治的、集団的活動を含んでいた。

一九五一年版の学習指導要領では、中学校・高校において「特別教育活動」（小学校は「教科以外の活動」）が「正規の学校活動」として位置づけられた。肥田野直によると特別教育活動とは、ＧＨＱ／ＳＣＡＰ幕僚部《ばくりょうぶ》の部局の一つである民間情報教育局（ＣＩＥ）の担当官が示唆したSpecial Curricular Activities の訳語とされる。従来の教科外活動を意味するExtra-curricular Activities という慣用語と区別し、正規のカリキュラムの教育活動であることを示そうと考案したとされている。

特別教育活動の主要なものは、「ホームルーム」や「生徒会」「クラブ活動」「生徒集会」である。教師の指導は「最低限度にとどめ」、「生徒たち自身の手で計画され、組織され、実行され、かつ評価されねばならない」とし、民主的な生活様式を身につけさせる機能が期待された。

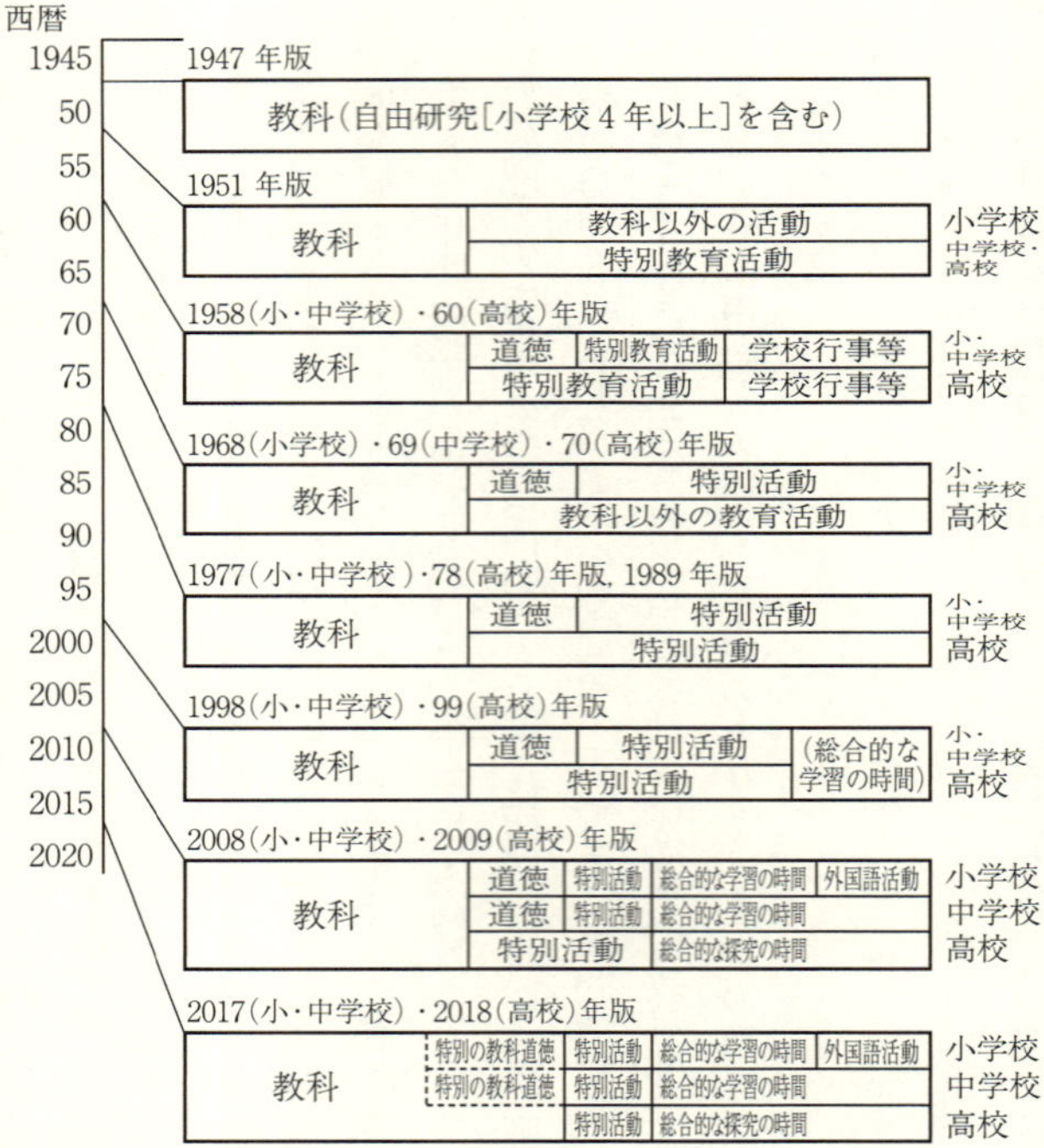

図 2-4　教育課程「領域」の変遷

出所）『学習指導要領』

ただし、特別教育活動が領域概念としてカリキュラムのなかに位置づけられたことにより、戦後の教育の枠組みのなかでこれをどのように位置づけるかという、整合性の課題も抱えていた。出発時点の学習指導要領が依拠した経験主義的な教育のとらえ方では、教科は「多方面にわたる学習経験を組織し」たものとされ、機能的には教科は特別教育活動の内容を含んで存在するものであったからである。

こうした課題をもちつつも、教科以外のカテゴリーとしての特別教育活動は、学校のカリキュラムのなかで欠かせないものとして位置づけられ続けていく（図２-４）。特別教育活動は、一九五一年版学習指導要領以降全体の時間数は削減されたが、五八年版には教育行事と特設道徳が導入されて新たな領域を構成した。六八年からは学校行事が特別教育活動に組み入れられて「特別活動」と名称を新しくし、現在に至っているのである。

指導要録の導入

前述の学習指導要領と組み合わせて、教育の目標―評価の制度的な枠組みとして導入されたのが指導要録であった。

戦前においては、子どもの学習の評価の原簿は学籍簿であった。学籍簿は、学校における子どもの戸籍であり、またその評価は教師の主観を色濃く反映するものであった。

それに対し戦後は、子どもの学習状況を把握し教育指導に役立てるため、評価（教育評価）の原簿としての指導要録が導入された。一九四八年の学籍簿（次年に指導要録に名称変更）では、自己目的化した教育測定を批判するアメリカの「評価（evaluation）」理論を背景に、学校教育のなかに教育評価が明確に位置づけられた。そこでは、指導のための記録の重視、分析的評価、累加記録、客観性の保持、完結的な要約的記録などの性格をもつことが明示され、「指導上の必要な原簿」として位置づけられている。

指導要録の構成は、相対評価と、子どもの個別の成長・発達を記す個人内評価とが独自に接合されたものであった。第三章でみるように、高度成長期を迎えるにあたって、一九五〇年代中盤以降の改訂では、「指導の原簿」に加えて「外部に対する証明」という機能も合わせもつことになり、その後さらに、中等教育においては特に前者の機能から後者の機能へと重点を移していく。

三　戦後初期の学校の動勢

学校のカリキュラム改革

戦後の新学制の出発時点のカリキュラム編成は、日本の学校や教師の歴史のなかで異例ともいえるほど「自由」なものであった。日々の教育実践についての決定権限は、ほぼ全面的に、それぞれの地域と学校の手に委ねられた。そうした自由は、多くの学校や教師に、何をどうしたらよいのかがわからないといった状況をもたらした。

一方で、戦前の新教育あるいは郷土教育などの経験をもつ一群の学校や教師には、経験に立脚した闊達《かったつ》な提案や試行の機会を与えることになった。個別の学校、地域、教育研究団体などによるさまざまなカリキュラムの自主編成の試みは、広範な学校で取り組まれた。その改革の実数は五〇〇を超えるとされる。

その中心を担ったものの一つが、校名を冠した各地のカリキュラム改革の諸実践やコア・カリキュラム連盟の加入校によるカリキュラム改造運動であった。「明石プラン」（兵庫県明石女子師範学校附属小学校）や「北条プラン」（千葉県館山市北条小学校）のように社会科をカリキュラムにおけるコア（中核）にしようとする立場と、「吉城《よしき》プラン」（奈良師範学校女子部附属小学校）のように教科外活動をコアにしようとする立場などが併存していた。こうした諸実践は、短期間で教育方法・技術を向上、刷新させた。しかし、実際の子どもの生活と結びついた実践にはならなかったため、一九五〇年代初頭にはみられなくなっていった。

地域教育計画

一方で、地域の諸階層の協力を得ながら、実態調査を踏まえて地域教育計画を策定し、その

「計画」の重要な柱の一つとしてカリキュラム改造を位置づけた動きもあった。その代表的なものである埼玉県川口市の「川口プラン」は、一九四六年九月に組織され、市内の国民学校(発足時)全教員が参加して開始された。川口という地域を一つの「生活構成体」とみなし、市内の「生産」「消費」「交通通信」などの現実の問題を学習題材化していくという、いわゆる「社会機能法」が用いられた。これによってカリキュラムのスコープ(領域)が設定され、子どもたちの興味や理解能力の発達段階を考慮して具体的な単元学習がつくりだされ、学校を地域社会のセンターとする地域社会学校(コミュニティ・スクール)の創造が目指された。

その後、この社会機能法は静的、現状維持的であるなど批判されることにもなったが、学校や教師が教育内容編成の主体として位置づけられ、地域の生活現実や子どもの興味・関心が教育内容編成の基軸に据えられたことは、これまでの日本の学校の歴史のなかで重要な意味をもつ。

また広島県本郷町の「本郷プラン」は、地域社会の民主化とそれに基づく地域住民の民主的再組織化による社会改造を目指す教育計画であった。その基本に据えられたのが地域住民自身による地域調査であった。「教育を具体的な社会生活の現実のなかから編成」するために、「日常の無意識的、慣習的な生活の様相」が科学的な根拠をもって意識化される必要があるとし、そのために人口構成から読書調査、消費生活、さらにPH測定器などを使用した土質調査が実施された。その調査活動の主体として地域住民が組織され、産業、政治、教育、文化、衛生、家庭の部会に分かれて調査活動が実施されたところに特徴があった。そこでの地域生活の改善方策の検討作業が、学校カリキュラムの内容を基礎づけるものになり、「町民の生活改善」のための「地域の人びとの自主的組織」の形成へと導くことにもなるとされた。

「本郷プラン」は、短期間ではあったが、戦後改革期における教育による民主主義の実現と社会改造の統一的追求が図られたものといえる。しかし、この取り組みは、後年このカリキュラム改造運動の牽引者であった大田堯《たかし》自身が、「「民主的」といわれる教育の構想を地域に押しつけた」とし、「民衆自身のほんとうに持っている切実な問題」に届かなかったと反省して、社会調査とは違う生活綴方という方法で再アプローチしていくことになる。

「山びこ学校」

生活綴方は、子どもの生活がどのような状況にあるかを把握し、その課題を解決することが教育の仕事の基盤であるととらえた日本の教師たちが考案した教育実践であった。生活綴方は、戦中の国家による弾圧を経て、戦後一九四八、四九年には全国各地で再びこれに取り組む教師たちが現れ、五〇年代には組織的な運動の展開ののち復活を遂げた。その復活を鮮明に示したのが、無着成恭《むちゃくせいきょう》によって世に示された「山びこ学校」である。

「山びこ学校」とは、山形県の山間地山元村(現在は、上山市《かみのやま》)の中学校教師であった無着が一九五一年に刊行した著書名である。その内容は、学級文集「きかんしゃ」に示された、山元中学校の無着教室である第二学年の教え子四三人の生活記録である。一人ひとりの生徒がもち込んでくる具体的な生活上の問題を、教師も生徒もともに学級全体の問題としてとらえ解決を求めていく姿が、教育基本法を体現する戦後日本の民主主義教育の原点として大きな反響を呼んだ。

「山びこ学校」の江口江一《こういち》少年の場合は、その象徴的な例である。貧しい家庭の江口少年は、父親もおらず年老いた祖母、幼い妹と弟を残して母親が亡くなり生活を見直す必要が生じた。江口少年は、母や自分のこれまでの生活を振り返って綴方を書き、さらに読むことで、生活をある距離をもって批判し新しい自己を創出している。さらに学級での話し合いがもたれ、一人で働いてできる具体的な農作物の生産量や金額などについて数字で客観的な状況を把握し、学級で江口少年の生活を支える活動が組織されていく。

「山びこ学校」は、よい社会とは何か、よい生活とは何かを自分たちで考え、構想することの重要さを示した実践であった。

しかし、無着の教え子たちが実際に村を出るや、「懐疑の精神をもとうにもてないほどの過酷な状況」が存在した。佐野眞一の調査によれば、山びこ学校の卒業者は男子二二人、女子二一人、合計四三人中、男子は高校に進学したものが四人で、うち二人が大学まで進んでいる。女子の上級学校への進学者はいない。山形県に留まった者が二九人、留まらなかった者のうち一一人が首都圏に出た。

佐野は、「資本主義社会の矛盾に目を開かされた」民主主義教育の申し子たちが、首都圏に出たあとは「皮肉にも最も禁欲的なかたちで、資本主義社会を支える礎石となっていった」とする。現実には子どもたちは、戦前からの集団に同調的な生き方や上意下達《じょういかたつ》の集権的な価値観が保持された都市の中間集団に包摂されていったのである。

仕事への連絡

新学制において、職業社会への移行は、学校の課題として重要な位置づけを与えられている。先述したように近代学校は、それまでムラ社会のなかで生活することで自然に次世代の形成が行われていたのとは異なって、生活(社会)から一度子どもを引き離して社会で生活していける力量を養成するシステムである。学校が社会に定着するにしたがって、子どもを社会に戻すということ、特に社会への「出口」の問題が重要な課題となる。

新学制の骨格について立案、審議した教育刷新委員会は、中学校は「必要な程度の技術教育」を行うと位置づけている。戦後初の一九四七年の学習指導要領は、中学校の教育目標として職業生活(経済生活)についての理解と自覚、および職業生活を営むうえで必要な知識、技能などを重視した。新設の必修科目である「職業科」は、その中核を担うものとして位置づけられた。中学校の職業科は、「農業・商業・工業・水産業・家庭」の五つの科目と「職業指導」から構成され、五つの科目からは一つ以上を選択履修することが求められた。

「職業指導」にかんしてその制度化に主導的な役割を担ったのが日本職業指導協会であり、その普及に強い影響力を発揮した。アメリカの職業指導理論に基づき、「職業指導」の内容は、知能検査や職業適性検査などを通した自己理解、各種の仕事を実際に経験して自己の適性を発見するという啓発的経験、職種の情報の供与、指導者によるカウンセリングなどであった。これらを通して特定の進路へ導くという方式を取ったが、そこでは子どもの適性が生得的であり、職業適性が客観的に測定できるものととらえられていた。これに対しては、「職業科」は既存の社会への適応的な指導であるとして、当初より現場教師からの批判があった。

生きられた「職業科」

「職業科」は、中学校から職業への出口を担うべく設けられたが、当時の社会の実態としては、一九四八年三月の卒業生の高校への進学率は三七・九％(男子四一・〇％、女子三四・三％)であり、就職者は三五・八％(三四・二％、三七・六％)、そのうち公共職業安定所を通じての就職者は男子二五・七％、女子三四・二％である。「その他・不明」は、二六・三％(二四・八％、二八・〇％)となっているが、その多くが縁故就職や卒業後しばらく家事従事者・無業者となって働き口があれば働くというものである。新制度発足草創期において、中学校を出て就職する場合、その多くが地縁的・血縁的なネットワークを通じた職業紹介によるものであったといえる。その意味で学校と人びとの生業とは距離をもって存在していたのである。

そのような状況で、職業科はどのように運用されていたのか。茨城県大洗近郊の漁村(現、大洗町)に位置する磯浜中学校では、中規模の水産加工工場に教師が訪れ、授業に出ないで労働に携わる生徒の働きぶりを参観していたという記録がある。どのように手続き上の処理をされていたかは確定できないが、こうした若年労働は、学校の側の論理からみると啓発的経験を通した職業経験の供与として解釈されたとおもわれる。漁村の中学校就学率は序章でみたように他の地域に比べてもっとも低かった。この例は、若年労働力を必要としていた漁業、水産加工業と、一方で就学率を高めようとしていた中学校、さらに職業科の実践の内容形成が課題となっていた実状において、職業科として職場労働が行われていた可能性が高い。

新制中学校の学校(教科)の論理と生活の論理をつなげる工夫が当時の学校や教師に求められるなかで、このような例はほかにも無数にあったと考えられる。新制度とそれになじまない子どもの生活を折り合わせながら、中学校の維持、定着を図ろうとする学校や教師の営みがうかがえる。

第三章　学校化社会の成立と展開

——経済成長下の学校

一九五〇年代後半から八〇年代にかけての戦後第II期は、経済発展にともなって、子どもが社会に出るためには学校の存在が不可欠となる、学校化社会を成立させた時期である。すなわち、就学は就労の条件とされ、職場—家庭—学校が連結して一つのシステムをつくりあげた。その重要な要素として学校が位置づけられたのである。

学校経由の就職ルートが成立したことにより、人びとは、全日制普通高校への進学をメインルートとして選択した。結果としてそれは、受験体制を下からつくりあげ、そして支えることになった。このことは、量的には就学増加の達成としてみることもできるが、質的には、全階層に「競争の教育」を蔓延させるという弊害を生んだ。さらに、就学行動の拡大期から飽和期にさしかかると、学校不適応など新たな課題が生み出されていく。

一　高度成長と学校

経済発展を担う人材の養成機関

経済成長がはじまる一九五〇年代後半以降、政府は相次いで経済計画を策定した。「もはや戦後ではない」とする一九五六年の「経済白書」に掲げられた標語が高度な産業立国への号令ともなり、一九五〇年代後半は産業・経済界からの教育に対する要求が強く出されるようになった。一九六〇年の「国民所得倍増計画」では、「経済政策の一環として人的能力の向上」が謳われ、教育は経済発展を支える労働力の養成、人材開発の手段として明確に位置づけられた。一九六三年の経済審議会人的能力部会答申「経済発展における人的能力開発の課題と対策」は、その骨格を示したものである。この答申は、教育支出を人的資本への投資としてとらえる「教育投資論」に支えられ、能力主義に基づいて社会と学校制度を再編する必要性を提起した。

能力主義は、出自や属性ではなく能力や業績を社会的な価値とする原理であるが、日本の教育においては、競争的秩序のもとでの学力による序列化という意味でこのことばが用いられてきたところに特徴がある。いずれにしても、この時期において教育は良質の労働力養成を中心とする経済政策のもとに位置づけられ、学校は年々大きくなる労働力需要に対応するための強力な「労働力供給機構」として期待されたのである。

大企業を中心として、新規一括大量採用による労働力確保という切迫した課題に対処するため、職務に応じて支払われる職務給ではなく、各人の職務遂行能力に対して支払われる職能給による給与体系が設定され、終身雇用、年功序列を重視したいわゆる「日本的雇用」が選択された。人員の採用に際して評価されたのは、職務に対応する具体的な知識・技術よりも、職務遂行の基礎となる一般的な能力や忍耐力など、将来への「訓練可能性」であった。

こうした能力は、学校で習得される知識の内容よりも、久冨善之が『競争の教育』で論じたように競争への適応的な態度であり、普通教科中心の学力偏差値に代表される一元的尺度と、それに基づく入試競争を経て優秀な大学に入学を果たすことで示される能力である。それは、技術革新など企業内外での競争に対応できる「一般的抽象的能力」や忍耐力などにつながるものとされ、のちに須藤敏昭が論じたように「日本型高学力」として価値づけられたのである。

それにより、伝統的な工業科や大学の理系学部研究室では専門性が評価されて採用されていたことはあったものの、全体として高校段階では普通科、大学であれば「一流」大学からの人材獲得が進められるようになった。こうして、普通科、工業科、商業科、農業科といった課程間の序列がつくりあげられ、普通科のなかでも学校間の格差が拡大していく。

学校システムの均質化

一九五〇年代後半には、教育内容の基準の設定や教育環境の標準化・均質化が進み、カリキュラムの枠組みも大きく転換する。

一九五八年の小・中学校の学習指導要領(六〇年の高校)の改訂では、提示の形式がこれまでの「試案」から文部省「告示」となり、法的拘束力をもつ国家的基準へと転換した。この意味するところは大きい。すなわち、これまで各学校に委ねられていた教育内容に一律の基準が適用されるようになり、全国どこでも同水準の学習内容が与えられることになったのである。

また、教育環境の面でも全国で同一水準を保障するため、学校の環境の整備がなされた。一学級あたりの児童生徒数に応じて教職員定数を算出することを定めたいわゆる「義務標準法」を中核に、教員配置や施設・設備などの条件整備が進められた。

苅谷剛彦は、子どもの人数ではなく学級という単位で教職員の定数を定めた標準法に示されているように、アメリカにおけるパーヘッド(生徒一人あたりの教育費)という個人を単位に資源配分の平等を考えるのではなく、学級や地域という集団的、空間的な集合を単位に考える方式が採用された点に注目し、このような方式を「面の平等」ととらえ、日本の独自性をみている。さらに、このシステム導入の背景として戦前からの日本の学級制度の定着があったとし、機能的に運用されるアメリカの学級集団と比較して、日本においては学級という集団単位が教育活動と密接に結びついていた点に着目している。

都市部と農山漁村

経済発展に向かおうとする日本の社会変動のなかで、実際の学校はどのような状況にあったか。それをうかがう手がかりとして、一九六〇年にNHKが放映した都市部と山村部の学校と子どもの生活の記録がある。東京の受験競争の渦中にいる子どもの日常を描いた「幼き受験生たち――受験にっぽん」と、栃木県の山村の学校を描いた「山の分校の記録」である。そこには高度成長前までは都市部と山村(農山漁村)部では大きく異なった生活があり、家庭や子どもの生活意識や教育要求には大きな隔たりがあったことがわかる。

山村では、老夫婦教師に指導され、黒板とチョークと机と教科書による複複式《ふくふくしき》の教室の様子や、炭焼きで生計を立てる近代以前からの連続をうかがわせるムラの生活が描かれている。それに対して都市部では、進学塾が林立し、小学校受験のための幼児教室の様子や、私立中学校受験のための模擬試験が多くの子どもを集めている様子が映し出されるなど、幼い時期から激しい受験戦争を生きる子どもたちの増加が示されている。

都市部の状況については、一九五〇年代後半の子どもや親の生態と教師の事情を報告した永田時雄の『都市の子どもと学力』(一九五九年)からもうかがうことができる。「都市の子どもたちの多くは生産からきりはなされることによって、疎外され、消費づくりの生活の場におかれている」とし、「どんないい教育をしていただいても、上級学校の入学試験に受からなければ、なんにもなりません」という「サラリーマン家庭」の意向が大きな勢力となっていることが述べられている。

ここにいう「サラリーマン家庭」とは、子どもを少なく産んで大切に育て、よい教育を第一に考える「教育家族」と呼ばれる層と重なる。実際にひと家族あたりの子どもの数は、一九五〇年代の四、五人から二〇年間で二人程度まで半減しており、「幼き受験生たち」は、戦後の復興にともないこの家庭の進学要求が飛躍的に大きくなっていたことを描いていた。

当時は東京で、番町小学校—麹町中学校—日比谷高校のコースをたどって東京大学へと進むという「日本のエリート」が世に知られるようになっていた。そのため番町小学校や麹町中学校へ学区外から越境通学する子どもも多く、問題となっていた。

「村を育てる学力」

あたかも日本に二つの社会があるかのように格差が開き、異なる環境にあった農山漁村部と都市部の状況は、高度成長期を迎えて均質化していく。

都市部の学力・受験の問題が、一九五〇年代後半には農山漁村部にまで拡散しようとしていた。戦後の代表的な教育実践者とされる東井義雄《とういよしお》の「村を育てる学力」は、こうした状況を背景に、生活綴方を足場にしながら村にとって必要な学力を考えようとするものであった。

東井の勤務していた兵庫県の中山間の但東《たんとう》地区でも、一九五〇年代後半には県の学力調査報告書で学力不足が報告され、進学指導、就職指導の拡充などが求められていた。神戸や大阪へ進学・就職していこうとする子どもたちに、但東以外でも通じる力として学力が必要とされたのである。それに対して東井は、「そういう学力は、結局、村を捨てることにだけ役立つのではないでしょうか」と疑問を呈した。

高度成長期に、地方の農村の生活も大きく変容した。第一次産業を中心とした産業構造が第二・三次産業中心へとシフトしたことで、年間八〇万人もの労働力が農業部門から非農業部門へと移り、「民族の大移動」とも形容される農村から都市への地滑り的な労働人口の大移動を引き起こすことになった。他方で農村では、農業では生計が成り立たず離農・離村するか、現金収入を求めて兼業農家に転換するかが迫られる状況にあった。こうしたなかで、農業以外で生きていく可能性をもたらす学力は、重要な意味をもってとらえられるようになっていたのである。

東井の実践および学力と村をつなげた「村を育てる学力」という「標語」が大きな反響を呼んだのは、これまで村とは無縁であり対立さえしていた学力が、にわかにクローズアップされ、動揺する各地の地域社会の課題に照応していたからである。東井の実践は、学力という外圧から村をまもる「防波堤」の意味はもちろんあったが、地域社会の存立を支えるためにも学校でつける学力が必要であることを前提としており、学力を基盤とする社会への移行の橋渡しの役割も果たしたのである。

二　「出口」の展開——中学校の変化

就学と就労の連絡

序章でみたように、卒業者数の動向として、一九六〇年代前半までは中学校が職業社会への

「出口」となっていた。高度成長は大きな人口移動をもたらしたが、その大きな割合を占めたのが新規中学校卒業者であった。企業からの求人の劇的な増加にともない労働市場の需給関係も大きく変化するなかで、国家的(国民経済的)観点に立った「強力な需給調整」によって、中学校と職業安定所の連携が図られた。その前提には、職業安定法の改正によって、職業安定所が学校と協力して「職業指導」を実施し就職を斡旋《あっせん》したり、斡旋業務の一部を学校に分担させることが可能となったことがあった。

苅谷らの研究は、この時期の労働省が全国の新規卒業者の労働力需給にいかに関与したかを検討し、中学校卒業者の地域的な需給調整から一人ひとりの「適職」把握までを、労働省と職業安定所が掌握し調整する過程を明らかにしている。

そこでは、学校が新規卒業者に対する徹底した「指導」のかたちで求人を管理し、他方では、職業安定所と学校の協力で「職業指導」もなされた。「職業指導」の内容は、職業知識の啓発、適性検査などを用いた子どもの「個性の科学的な判定」や、カウンセリングなどに基づく「適職」の決定、企業が学校に求人を行い学校が一人に一社限りの推薦を行う「一人一社」の原則による求職者の選抜、教師による就職後の「定着指導」である。このような「職業指導」は、団塊の世代の大量の労働力を都市部に送り出すとともに、高度成長から約三〇年間安定的に機能する「間断のない」学校と職業システムの連絡の起点ともなった。

集団就職と学校

こうした需給調整の結果、地方出身の新規中卒者は、集団就職というかたちで「集団就職列車」などによって大量に大都市部に向かった。集団就職は、労働力確保で不利な位置にあった中小企業・家族企業と地方出身の新規中卒者とを結びつける、一九五〇年代半ばから六〇年代半ばに固有の歴史的形態であった。実態は「求人側の職安行政と求職側の職安行政の労働力引き渡し作業」であったとされるが、そのなかで学校や教師の果たした役割は小さくない。

橋本紀子の研究は、秋田県の中学教師が大都市に就職した卒業生の就職先に出向き、定着指導を実施していることを明らかにしている。郷里の学校と大都市部の職場という距離を隔てながら、教師―生徒という学校の共同体の関係が継続した例である。これに限らず、教師と生徒の学級共同体は、この時期の教育実践の基盤となるものであった。

「技術・家庭科」の新設

第二章でみたように新制中学校はさまざまな進路要求を一手に引き受けたが、これへの制度的な対応として据えられたのが、〈学校から仕事へ〉の接続を担う教科であった「職業科」と、その後続の一九五一年に設けられた「職業・家庭科」である。これらは、当初は進路指導も含めた教科であったが、これまでの指導要領が想定していた社会像が転換し、教科内容の構成を大きく変化させる必要から、一九五八年の学習指導要領の改訂により「技術・家庭科」へと組み替えられ、進路指導は特別教育活動のなかの学級活動に移された(表3-1)。

それまでの「職業・家庭科」は、「実生活に役立つ仕事」という観点から「職業科」と「家庭科」を一つの教科としてとらえていた。「農業・商業・工業・水産・家庭」を一つのまとまりとする編成の原理は、教育内容を地域生活から抽出しようとする地域主義(「地域社会による特色」)と、広範な内容を一通り試みようとする「啓発的経験」の原理が貫かれたものであった。

それに対して「技術・家庭科」は、高度成長期下の技術革新に対応した編成・内容となっている。一九五七年の中央教育審議会(中教審)の「中学校においての職業に関する基礎教育の強化」の答申に沿って、五八年の学習指導要領は、「科学技術に関する教養」を高めることや「産業や国民生活の発展向上」を前面に押し出している。これを受けて導入された「技術・家庭科」は、「機械」「電気」「総合実習」など近代技術にかかわる「男子向き」の内容と、「調理」「被服製作」「保育」など「女子向き」の内容で構成された。

「家庭科」は、戦後学制のなかで女子だけの科目をおかないというCIEの方針により、女子用教科としてではなく「職業科」のなかにおかれて出発したが、高度成長を維持するための男性労働力確保という課題のもと、一九五八年に女子の必修として再構成され、性別役割分業を支える科目として位置づけられた。

こうした女子のみに必修とする日本の家庭科は、国際社会からは男女差別とみなされた。一九八〇年代には、女性差別撤廃条約の批准に際し男女別カリキュラムの変更が検討され、八九年の学習指導要領改訂で、男女ともに中学校・高校において家庭科を学ぶことになった（表3-1、図3-1（巻末））。

高校への通過点

「職業科」に限らず、教科の変遷は、中卒の就職者の減少と高校進学者の増加という進路動向を反映する。中学校のカリキュラムは、戦後すぐにおいても職業社会との接続を強く意識したものではなかったが、高度成長期を迎えてその傾向はより強くなっていき、学校間の移行〈進学〉への対応を前提とするものになっていく。中学校卒業後に〈学校から仕事へ〉の移行をリアルに想定していた時期と、高校へ進学する〈学校から学校へ〉の移行を想定した時期とでは、

教育課程の変遷

1977年 1981年度～	1989年 1993年度～	1998年 2002年度～	2008年 2012年度～	2017年 2021年度～
国語 13	国語 13	国語 10	国語 11	国語 11
社会 11	社会 10～11	社会 8.4	社会 10	社会 10
数学 11	数学 11	数学 9	数学 11	数学 11
理科 10	理科 9～10	理科 8.3	理科 11	理科 11
音楽 5	音楽 4～5	音楽 3.3	音楽 3.3	音楽 3.3
美術 5	美術 4～5	美術 3.3	美術 3.3	美術 3.3
保健体育 9	保健体育 9～10	保健体育 7.8	保健体育 9	保健体育 9
技術・家庭 7	技術・家庭 6～7	技術・家庭 5	技術・家庭 5	技術・家庭 5
		外国語 9	外国語 12	外国語 12
音楽, 美術, 保健体育, 技術・家庭, 外国語, その他特に必要な教科 10	国語, 社会, 数学, 理科, 音楽, 美術, 保健体育, 技術・家庭, 外国語, その他特に必要な教科 9～18	国語, 社会, 数学, 理科, 音楽, 美術, 保健体育, 技術・家庭, その他特に必要な教科 4.4～8	(標準時数外)	(標準時数外)
				道徳 3
特別活動 6	特別活動 3～6	特別活動 3	特別活動 3	特別活動 3
道徳 3	道徳 3	道徳 3	道徳 3	
		総合的な学習の時間 6～9.6	総合的な学習の時間 5.4	総合的な学習の時間 5.4
(標準時数) 90	(標準時数) 90	(標準時数) 84	(標準時数) 87	(標準時数) 87

4. 1951年度は, 必修教科が1年間26～29時間. 選択教科**が「外国語」各学年4～6時間,「職業・家庭」3～4時間,「その他の教科」が1～6時間.
5. 1958年度は, 選択教科***が各学年「外国語」3時間, 「農業」から「家庭」2時間, 「音楽」, 「美術」1時間. 「数学」は第3学年のみ実施で2時間.

表 3-1　中学校

公示年 実施年度		1947 年 1947 年度～	1951 年 1951 年度～	1958 年 1962 年度～	1969 年 1972 年度～
教科	必修教科	国語 15 習字 2 社会 13 国史 3 数学 12 理科 12 音楽 6 図画工作 6 体育 9 職業(農業, 商業, 工業, 水産, 家庭) 12	国語 14～22 (習字) 社会 13～23 (日本史) 数学 10～15 理科 11～15 音楽 6～9 図画工作 6～9 保健体育 9～15 職業・家庭 9～12	国語 14 社会 13 数学 11 理科 12 音楽 5 美術 4 保健体育 9 技術・家庭 9	国語 15 社会 13 数学 12 理科 12 音楽 5 美術 5 保健体育 10.7 技術・家庭 9
	選択教科	外国語, 習字, 職業, 自由研究 *	外国語, 職業・家庭, その他の教科 **	外国語, 農業, 工業, 商業, 水産, 家庭, 数学, 音楽, 美術 ***	外国語, 農業, 工業, 商業, 水産, 家庭, その他特に必要な教科 12
	特別の教科				
教科以外の教育活動			特別教育活動 6～15	特別教育活動 3 学校行事等 道徳 3	特別活動 4.2 道徳 3
総授業時数		90～102	(最低時数) 87	(最低時数) 96	(標準時数) 101

出所) 文部(科学)省『学習指導要領』

註) 1. 部分改訂は除く.

2. 数字は 1 週間の授業時数(1 時間は 50 分)3 年間の合計. 幅のある年度は最少と最大.

3. 1947 年度は「科目」表記. 選択科目が各科目*, 各学年で 1～4 時間の範囲で合計 4 時間以内(最大 6 時間以内).

生徒にとっての教科のもつ意味が異なったことは容易に推察できる。

生徒は、第三学年の選択教科で、外国語(英語)や数学をとるか「職業科」をとるかによって将来の進路を明らかにすることになったが、就職希望の場合は英語を学びたくても本人の意思とは別に教科が決まってしまうことにもなった。ちなみに、一九六〇年代の初めまで選択教科であった外国語を公立高校入試科目として指定して出題していた都道府県は、一九六一年度には五都府県と極めて少数であったが、それ以降急増し、六五年度には四二都道府県で外国語を全志願者に課すようになった(文部省初等中等教育局「公立高等学校入学者選抜実施状況に関する調査報告書」)。

中学校は、就職希望者の減少により職業社会とのつながりを失っていき、表3-1にみるように理科、数学、外国語(英語)を中心に多くの知識を与えることで産業社会に対応しようとした。実際には、高校への通過点として、さらには後述するように偏差値などを用いた進路指導を介した高校への選別機関としての様相を強くもつようになっていく。

三　高校の大衆化

新制高校のカリキュラムの展開

一九五〇年代に入ると、技術革新に乗り出した産業界の要請を受けて、政策として体系的な専門教育を行うべく高校の複線化が推進された。

戦後の高校教育では、職業学科であってもカリキュラムの授業時間の半分以上は国語、数学、理科などの普通教科が占めており、高校のみで改訂された一九五六年の学習指導要領までは、普通科と職業学科の両方に共通する必修の普通教科に加えて、職業学科は必修の専門教科を履修するかたちになっていた。また、生徒が自由に科目を選択する自由選択制がとられていた。

一九五六年改訂の学習指導要領では、自由選択制から、学校が定めるコースのいずれかを生徒が選択履修するコース制への移行が示された。さらに、図3−1に示したように、六〇年の高校学習指導要領改訂では、普通科と職業学科のカリキュラムが分離され、普通科の普通教科の必修単位数が大幅に増加するとともに、職業教科の必修単位数が三〇から三五単位に引き上げられ、「事情の許す場合には、四〇単位以上とすることが望ましい」とされるなど、職業学科の専門性を重視したカリキュラムが示された。これらは、普通科と職業学科の分離などによって、高校三原則の一つであった総合制の枠を組み替えようとするものであった。

六〇年代以降、これまで進学しなかった層も高校に進学するようになるとともに、普通科への進学志向も高まり、学力差が拡大した。こうした状況に対応すべく、普通科においても多様なコースを設定できるよう、七〇年の学習指導要領では普通科の必修単位数が削減され、再び職業学科と共通する必修の普通教科が設けられるようになった。

このような展開のなかで職業学科だけをみると、普通教科についての変化は比較的小さく、専門教科も必修単位数を除けば、変化はそれほど大きくない。しかし、七八年の学習指導要領以降は、全体として卒業単位数が減少し、専門教科の必修単位も減少するため、専門性の希薄化が懸念されるようになる(図3-1)。

ベビーブームと高校全入

産業界からの要請以外にも、ベビーブーム世代の就学行動もまた教育政策に大きな影響を与えた。

中学校までを「行かなければならない学校」への就学行動とすれば、その後は制度上「行かなくともよい学校」への選択的行為となる。どのくらいの中学校卒業者が高校に進学していくかの推測に基づいて高校教育を考えることが文部政策の課題となった。義務教育修了後も継続した就学行動は、強大な教育人口圧力をともなって、結果的に高校教育の器不足という深刻な社会問題を引き起こすことになった。

　この就学行動を支えたのは、人びとの間に広がりつつある「せめてわが子を高校までは」という教育意識であった。一九六二年には総評(日本労働組合総評議会)・日教組を母体とする「高校全員入学問題全国協議会」(全入全協)が結成された。「高校全入」運動は、当時数多くみられていた「すし詰め学級」の解消なども訴えながら、特に戦後のベビーブーム世代が高校入学期を迎えるこの時期に高校増設を強く要求し、全国に広がる大規模な運動へと発展していく(図3-2)。

図3-2　1962年2月5日，高校増設を求めて都議会に集まった都民ら

写真提供）連合通信社

　中学校卒業者は一九六三年をピークに下降に転じるものの、六五年までは二〇〇万人を上回っており、高校進学の困難さは続いていく。この時期には、「一五の春は泣かせない」というスローガンのもと、教師や新中間層を中心とした高校全入運動が拡大した。さらに、のちの教育に大きな影響を与える偏差値が、入試の不条理から教え子を救いたいという一人の中学校教師によって生み出された。これらは、高校進学の困難な状況へのいわば現場からの対応でもあった。

ただし高校の側では、戦前の中等学校教師が高校の教育現場に多く在職し旧制中学校などにあった「エリート文化」が残存しており、高校全入について必ずしもそのまま肯定的であったわけではなかった。高校側には「高校全入」だけに傾倒する議論への疑問も存在していた。一九六〇年代から七〇年中盤にかけて急上昇する就学行動は、こうした内実をもつものである。

ベビーブーム世代が高校を卒業する最初の年が、一九六六年である。この年の卒業生は一五六万人で、前年の二五％増を記録した。就学人口増に対応する高校の増設が急ピッチで進められ続けたが、量的な対応もままならないなかで、教育の質にまで力が及ばないのが実情であった。

このように、「団塊の世代」と呼ばれた一塊の人びとの存在は、教育人口の波（ウエーブ）を形成して、教育基本法の理念のもとに構築された戦後の新学制を拡大・定着させていった。一方で、この現実を前に、戦後教育の理念が生み出した機会均等のための制度が問い直されたのである。ベビーブームはこうした理念を問うインパクトを与えるものであった。

高校の拡充政策と進学要求

一九六〇年代に入ると、人的資源政策（マンパワーポリシー）の展開や高校進学希望者のさらなる増大を背景に、高校教育の拡充が大きな課題となる。高校教育の拡充は、後期中等教育の拡充の一環として位置づけられ、技能教育施設と定時制職業教育を連携させた技能連携制度や、職業訓練校と定時制高校とが連携する技術高校など、六─三─三制の枠を超えた拡大が図られた。しかし、全日制高校教育以外は量的にはさほど進展しなかった。

全日制高校のなかでも、普通科と職業学科の生徒数の構成比は、一九六〇年代はおおよそ六対四の割合で推移し、職業学科の拡大はほとんど進まなかった。高校全入運動の展開にみるように、教育運動の主流は、普通科の増設を要求し、職業学科の増設を望まなかったのである。

戦後の高校教育の枠組みが揺らぐ一方で、新規高卒者を確保するために、職業科の専門性よりも普通科の学力を評価する労働市場が拡大し、それに呼応するように、学力を基準とした高校のヒエラルヒーが形成されていった。それは、労働市場のみならず学校教育においても、普通学力の相対評価とそれに基づく能力主義が、教師や子ども、保護者の教育意識に浸透していったことを背景にしている。このことは、職業学科の専門性を高めようとした一九六〇年代初頭の文部行政の教育改革構想を崩すことでもあった。

大衆化への対応

一九六〇年代を通じて中卒後の進路は高校進学に集中するようになり、これまでになく幅広い層の生徒を受け入れることで、高校の大衆化が進んだ。高校に残っていた旧制中等学校の文化は消失していき、以前と比較しても低学力の生徒が入学するようになった。当時の全国高等学校長協会の会長が、既存の教育カリキュラムでは無理があるとし、高校教育の多様化・階層化を主張したことは、それを物語っている。

一九六六年に発表された中教審答申「後期中等教育の拡充整備について」は、進学率の上昇にともなって高校に入学してくるさまざまな生徒に対応するために「職種の専門的分化と新しい分野の人材需要とに即応するように改善し、教育内容の多様化を図る」として、後期中等教育の多様化を提唱した。これは、一九六〇年代初頭に示された各職業学科の専門性に依拠した複線化を進める高校教育改革構想の一環というよりも、普通科、職業学科の内部で生まれてきた多様性・階層性をそのまま追認する方針ともいえる。先述の一九六三年の経済審議会の答申が、良質な労働力を養成することに主眼をおいていたとするならば、この答申は、高校に入学してくるようになった「非エリート層」に対する教育をどのように行うかという視点に立ち、高校の大衆化に対応したものといえる。

四　学校間接続問題の諸相——中学校と高校の接続

入試改革の動向

新学制出発の当初、高校入試は希望者の全入を原則とし、報告書の提出のみで無試験で実施されていた。しかし、一九五〇年代後半には希望者が増加したため選抜を原則とするようになり、さらに六〇年代を迎えて適正な能力をもった者を入学条件とする「適格者主義」が明示された。当時、高校進学率が爆発的に上昇し、日本中を巻き込んだ厳しい入試競争が引き起こされ、「受験地獄」ということばも生まれた。一九六〇年代の後半には、学力による高校間の格差が細分化され、それにともなって入試準備を想定した「テスト主義」の教育が大きな社会問題となるに至っていた。受験競争の過熱化への対応が、学校の現実的な課題とされたのである。

一九六六年の文部省通知「公立高校の入学者選抜について」では、学力検査のみによる選抜の弊害の克服を念頭に、中学校における平素の学習状況等を示す内申書によって、学力検査で測り得ない生徒の総合的多面的能力を評価する方針が打ち出された。学力試験実施教科の選択も含めて、具体的な方策は各都道府県に委ねられることになり、各地の教育行政単位で入試競争緩和と学校間格差是正が目指された。総合選抜制の導入など、公立高校を法的な制度によって平準化しようとする入試改革が実施されたのである。

その先駆けとなったのは、一九六七年の東京都の入試改革である。伝統と高い大学進学率を誇る有名公立高校を頂点にヒエラルヒーを築いていた公立高校を平準化するため、学校群制を導入する。これは、受験者の学校選択に制限を加えようとするものであった。学校群制の導入により、高い社会的威信を得てきた有名公立高校は弱体化し、(群内格差は残ったものの)公立高校の平準化は大きくは達成された。

しかし、そのことは大都市部においては特に、公立高校全体の地盤沈下とされ、それにかわる中高一貫制の私立学校が大学進学実績を高め、新たなヒエラルヒーを形成することになった。その結果、新中間層を中心に、有名大学への進学を希望する者が地域の学校から私立学校へと移動することになった。地域によって異なるものの、このことは、競争緩和と格差是正の入試改革が一定の成果をあげながらも、公立学校が新中間層の進学のための学力保障の要求に対して対応しきれなかったことを示しているともいえる。

指導要録と相対評価体制

既存の高校間の格差の是正や、学力検査の位置づけを相対的に低くする入試改革の流れのなかで、指導要録も役割を変化させた。一九五五年の改訂では、総合評定として定められた「評定」欄に、五段階の相対評価が用いられた。

相対評価とは、修得された学力の内容ではなく、生徒の成績が学習集団全体のどのあたりの位置にあるかをもとにした評価である。これによって、評定の「五」が七%、「四」が二四%、「三」が三八%、「二」が二四%、「一」が七%というように、あらかじめ枠づけられたなかで子どもの教科の成績が表記されるようになった。指導要録の性格も、教育指導の資料というよりも、「指導の過程および結果の要約を記録し、指導および外部に対する証明等のために役だつ簡明な原簿」とされ、外部への証明機能が明示された。

しかし、子どもの努力の跡や実際の成長を評価しにくく、相対評価が引き起こすさまざまな弊害の指摘が相次いだ。そのため一九七一年の改訂にあたっては、「あらかじめ各段階毎に一定の比率を定めて、児童(生徒)を機械的に割り振ることのないように留意」するように明記されるなど、相対評価の原則を堅持しつつも、その運用においては柔軟な対応を加味する方向が示された。その後も「絶対評価を加味した相対評価」(一九八〇年指導要録)など、相対評価を薄める方向は続いていく。

偏差値と内申書

一方、進学・就職先の選考資料として学校が提出する内申書を積極的に位置づけた入学者選抜が一九六〇年代後半以降導入され、たった一回の入試の点数で合否が決まる「学科試験一辺倒」の選抜の弊害への対応が図られることになった。しかし他方で、「客観性」「信頼性」の確保という要請から、内申書には、よりリジッドな対応として「五段階評定」による「相対評価」の厳密な適用が求められた。そのことが、内申書の相対評価を日頃から意識させることになり、入試の日常的な拡散ともいえる状況を生じさせることになったのである。

時を同じくして、先述のように、教え子が受験する高校を選ぶ目安とするため、統計的なデータを利用した偏差値が考案された。それぞれの子どもの点数がその試験の受験者全体のどのあたりに位置するかを知ることができるため、その後広く活用されるようになり、受験競争の象徴的な存在となっていく。

こうした相対評価は、「選抜の論理」のストレートな表れというより、日常的な学校教育活動の正統性を回復し学科試験「一発勝負」の負担を軽減するための改善策であった内申書の導入や、一中学校教師の熱意による偏差値の創出など、善意のパラドックスとでもいえるプロセスをたどった。

進路指導の困難

近代学校において、教育は選抜システムと不可分であり、進路指導はその矛盾に向き合わざるを得ない領域であった。進路指導は生徒を特定の進路に水路づけるものであり、学校や教師のおもいとは別に、格差構造をもつ学校体系のなかに子どもを振り分ける役割を求められた。

進路指導を教育に含めることをためらう言説がしばしば表明され、教育現場においても、評定を「三」で統一して全員に与えたいわゆる立川二中の例のように、選別から教育を守ろうとして教育評価を放棄する事態も起きた。また、内申書の活用は、日常の教育の成果が進路を定めるという「教育」的な対応とみることもできるが、内申書に記載された生徒の思想が高校入学の合否にかかわったとして、学習権の侵害が争われた麴町中学校の例では、内申書が行動や内面の評価にもつながり、重大な人権侵害となるとして社会問題化した。麴町中学校のケースでは特記事項の欄に、生徒の「政治的傾向」をとがめる内容や行動評価が記されたことで、評価の当事者である学校や教師への批判を呼び起こした。さらに、「相対評価」を「到達度評価」

に組み替えることや高校入試の学区を小学区制にすることなどを主張していた教育運動の側からも、内申書の廃止の要求が示された。

しかし現実には、中学校教師の三木雄一が記したように「家庭教師をつけさせたり、よい学習塾へ行かせたりすることのできない家庭ばかり多い地域の学校教師は、(中略)受験教科中心になったり、テストにふりまわされない授業にするためにも、私は内申書を「選抜」に使う以外に、(現在のところ代わるものがないかぎり)方法がない」(「内申書廃止について」『進路指導と高校全入』四〇号二二頁)という状況が存在していた。

このように教育と選別の錯綜する空間を学校はつくりあげていたのである。

五　産業化社会への対応の諸相

系統学習への移行と特設道徳

前述したように、一九五八年の学習指導要領の改訂は、戦後の枠組みの大きな転換であった。戦後すぐの学校教育は、子どもの経験をもとに教育内容を配置していく「経験学習」を中心に編成された。その結果、経験の違いによって地域や学校ごとの格差が生じ、さらに学力低下が問題となっていた。これに対して、全国同水準の教育を保障するとともに、産業化社会の技術革新などの新しい動向に対応するために、系統的で科学的な教育内容が要請された。すなわち、学問ごとの成果に基づいて系統的に教育内容を配置し、順を追って学習する「系統学習」が重視されたのである。

さらに、特設道徳が導入され、学校行事が独立した領域とされた結果、カリキュラムは教科、道徳(小・中学校)、特別教育活動(特別活動)、学校行事等から構成されるようになった(図2-4)。教育勅語に基づいた戦前の道徳教育が国民を戦争へと駆り立てたことへの反省から、戦後は道徳教育はいわば忌避《きひ》され、社会科を中心とする学校教育全体で道徳の領域に対応するとされてきた。しかし、東西の冷戦構造と戦後教育の見直しという動きのなかで、この改訂において社会科の「総合社会科」としての性格を修正し、道徳を独立させることになった。このことは戦前の「修身」の復活とも受け取られ、大きな反対の世論と運動を生み出し、結果として「特設道徳」という教科ではないかたちでの導入となった。

こうした特設道徳の導入や国家基準に基づく系統学習への移行は、戦後のカリキュラムの枠組み上の大きなエポックであり、新しい編成のもと、産業化と技術革新に対応すべく、学校は大量の学校知識(学校で教えることが求められる知識)を伝達する基盤を整えた。続く一九六〇年の高校学習指導要領では、普通科の履修単位が他の時期に比して多く、必修科目の割合も大きかったことはそれを示している(図3-1)。

教育内容の現代化と「期待される人間像」

高度成長期に求められた系統的で科学的な教育内容は、日本のみならず技術革新や科学技術振興を課題としていた先進諸国全体の教育課題でもあった。一九五七年のソビエト連邦の人工衛星の打ち上げによるいわゆるスプートニク・ショックは、西側先進諸国を中心に、学校の教科内容に、より完全なかたちで現代科学の成果が反映するようにカリキュラム改革の動向を生み出していた。

これらは「教育内容の現代化」といわれる。日本では一九六八/六九/七〇年告示の学習指導要領に示されている、「科学技術の高度の発達」のみならず「国際地位の向上」にむけての対応が目指された。それをもっとも反映したのは数学と理科であった。しかし、科学の体系を重視するあまり、子どもの経験や問題意識を軽視する傾向があり、小学校の算数に「集合」の単元が導入された例など、現場に大きな混乱をもたらすことにもなった。産業化に必要とされる膨大な知識を学校のカリキュラムで習得するのには限界があり、教育内容をどのように精選するかが課題となった。

教育内容の現代化への試みは、先述した数教協など民間教育研究団体などにおいても繰り広げられていた。しかしこの時点では、それはカリキュラムに組み入れられず、もっぱらPSSC物理やBSCS生物などアメリカの教育内容の移入による現代化路線が選択されたのである。そこには、文部省と、日教組やその影響下にあった民間教育研究団体との対立の構図があった。

一九六八／六九／七〇年告示の学習指導要領では、内容の精選と同時に「調和と統一」が掲げられ、国家的観点をもって道徳や特別活動が位置づけられた。

一九六六年の中教審の「後期中等教育の拡充整備について」の答申と合わせて別記として示された「期待される人間像」は、愛国心や遵法《じゅんぽう》精神の育成を求めた。その背景には、高度成長にともなう都市部への人口大移動などの社会変動が、共同体が担ってきた人づくりや関係づくりを困難にしている状況があった。子どもにとって学校が社会に出る際に不可欠なものとなり、「競争の教育」が子どもたちの成長や人間関係の形成に大きなひずみを引き起こしていた。

道徳教育は、それへの対応とともに、日本型企業社会のなかで家庭や社会を支えるために勤勉に労働に従事することを求める側面もあった。それは国際競争を積極的に担う人材の養成という新たな課題への対応でもあった。

「民主主義の訓練」

一九五八年の学習指導要領の改訂、なかでも特設道徳の導入は、内心の自由を重視する戦後教育の理念に逆行することになりかねないとして、それに対抗して複数の民間教育研究団体が組織された。その一つに全国生活指導研究協議会(全生研)があった。全生研の主張は、特設道徳批判にとどまらず、これまでの日本の学校を支えていた学級集団の性格やあり方を問うものであった。

産業化社会への移行によって、学校の目指すところが、民主的平等性を重視したものから、教育によって自らの力で社会における階層間の移動を可能にする社会階層移動性に力点が移ったといえる。それに対抗して、民主社会の担い手づくりの実践が展開した。全生研の取り組みはその代表的なものの一つである。文部省が道徳教育を導入する際、戦後日本の教育が人格や実践力の養成に禁欲的であったことを根拠としたが、それに対して全生研の取り組みは、積極的に人間形成や集団形成に働きかけ、具体的な行動力の養成を図ろうとするものであった。

一九七一年に出版された全生研常任委員会『学級集団づくり入門　第二版』は、全国の生活指導に大きな影響を与えた。その中核にあった集団づくりの実践は、子どもの自治を重視した班づくり、核（リーダー）づくり、討議づくりから構成された。学級のなかに班を設け、班活動のなかで生まれる課題に対処しながら集団の力で集団の質を高めていくものである。その際、教師は直接に指示するような指導を控え、子どもたちは、教師の保護や管理のもとでの他律的な状態を抜け出て、自分自身の行動を管理することができる自治的な存在でなければならないとする。そのために子どもたちどうしの関係は、「相手を論理的に説得し」たり「必要に応じて追求を展開」したり、ときには「ちからによって統一する」ことも必要とするなど、子どもたちにとって民主主義の訓練ともいえるものであった。

一方でここでの学級集団づくりは、個々の子どもの個別性への配慮というよりも、子どもを集団としてとらえる観点が強かった点にその特徴をうかがうことができる。のちに、子どもたちの自治のなかに異質な者を排除する「全体主義」の雰囲気を強く感じたという証言が現れるのは、このような特徴によるものである（原武史『滝山コミューン一九七四』）。

相対評価の秩序に抗する動き

先述したように、産業化社会の担い手の養成を課題とした学校が用いた学力評価の基準は、学習集団全体のどのあたりに位置するかに基づく相対評価であった。その結果、学校は子どもの序列化の場となり、「わかる」ことから疎外された「落ちこぼれ」とされる子どもたちを生み出した。そうした状況に対して、一九七〇年代に展開されたのが全国到達度評価研究会による到達度評価運動である。この運動は、相対評価を批判し、到達度評価に基づき「目標に準拠した」学力を保障し「わかる授業」をつくりだそうとするものであった。ここには、子どもには学習権があり、その保障のために何を教えるかを明確にし、子どもが社会で生きるために必要な教育内容の保障が公教育の目的であるという理解がある。何を教えるかは親集団(住民)との協力のもとに、教師が子どもからの負託を受ける形で定めるものとされた。こうした子どもの代行説といわれる理論を支柱にして、学力保障の実現を目指したのである。

さらに、学問の系統に基づいた系統学習自体に難点があるとして、「たのしい授業」こそが重要であるという主張が登場した。安井俊夫の「子どもが動く社会科」の実践では、歴史上の出来事を分析的に理解するだけでは十分でないとして、歴史的人物への「共感的理解」が重視された。また、科学とはどのようなものかを体験させることを目的として、問題・予想・討論(仮説)・実験を授業の中心におく仮説実験授業を主導した板倉聖宣《きよのぶ》は、「たのしくなくとも分からせる」授業を批判し、「たのしさそのものが目的」となる授業を主張した。

これらの「たのしい授業」の提案を通して、「わかる授業」では子どもが知識を受動的に受け取り、往々にして学習が個別的になることなど、学び方の問題が浮かびあがった。こうした授業論は、「わかる」ことの質の吟味を促すものであったが、同時に第四章で述べるように、学校での学びに興味をもてなくなっている状況への学校現場からの対応という側面もあった。

こうした動向とは別に、一九八〇年代以降、死や性などいのちにかかわる題材を扱った実践が次々と生まれていた。一九八〇年の小学校四年生を対象とした鳥山敏子の「ニワトリを殺して食べる授業」などは、その後の「いのちの授業」の先駆けとなり、金森俊朗の妊婦を招いた性の授業や末期癌患者を招いた死の授業も話題となった。こうした実践が注目された背景には、かつては家で生まれ死んでいった人びとの「生」が病院を介することになったことや、核家族化が進み子どもが「性」や「死」に触れることがなくなったことがあげられる。いのちを実感できない子どもたちにとって、「生」自体を学校教育の対象とする必要が切実になっていったといえる(図3-3)。

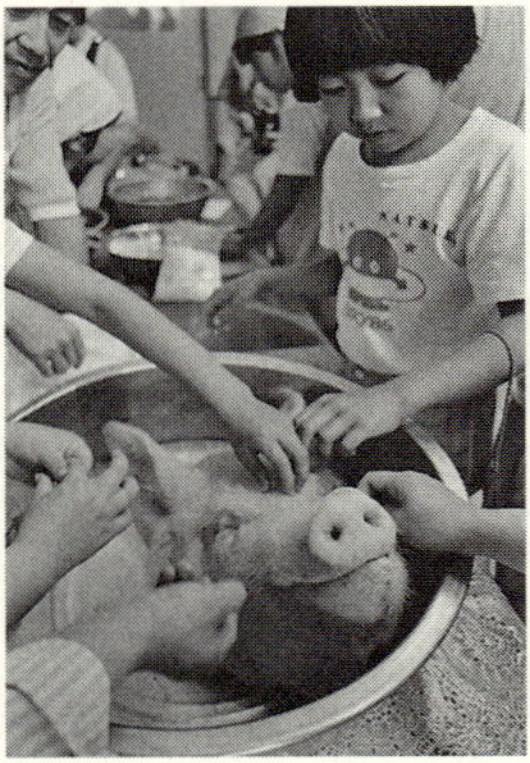

図 3-3　ブター頭まるごと食べる授業．鳥山敏子『いのちに触れる』より

撮影）大木茂

六　学校への異議申し立て

学校・教師へのまなざしの変化

学校や教師に対するまなざしも、大きく変化してきた。一九五〇年代までの農山漁村では、学校は家業の後継者を養成する場として考えられてはいなかった。学校や教師は、地域や家庭の生活から距離をもっており、家庭の学校への「無理解」も介在したのである。一方で、学校への期待が低いゆえの、ある種のゆとりもまた存在していた。

高度成長期を迎えると、地域や家庭は、これまでのように学校や教師に対して寛容ではなく、懐疑的・批判的なまなざしを強めていく。高度成長以降に地域の教育力が弱まる一方、高学歴化した親と学校との間で緊張関係が高まっていた。学校に行かなければスムーズに社会に出られないシステムがつくられるなかで、学校に依存せざるを得ない家庭が、学校への要求を強め「学校不信」を抱くという状況が広がっていったのである。

その後一貫して、家庭は学校に対して要求を強めていく。ただしそれは、家業の次世代形成のための働きかけである「家族のおこなう教育」(中内敏夫)から、学校の下請けとしての「家庭教育」への移行という、学校的な価値に家庭が従属していくプロセスでもあった。さらに、消費中心の価値観が子どもたちの生活へ浸透し、学校の価値基準との間で摩擦を強めていくなかで、社会の目も学校や教師に厳しく向けられることになる。

そのことは一九七〇、八〇年代のマスコミの動きからもうかがえる。毎日新聞の「教育を追う」、朝日新聞の「いま学校で」、NHK取材班による「NHK特集・日本の条件」などで、さまざまな学校と教師をめぐる取材報道がなされた。学校における管理主義、体罰はもとより、これまで問題にされなかった些事《さじ》にまで目が向けられ、学校は批判的な視線にさらされるようになっていった。

「反乱」の展開

高度成長期は、学校化社会の実現と同時に、大規模な学生・生徒による学校への「反乱」が繰り広げられた時期でもある。これらは、「大学紛争」や「高校紛争」といわれるような、学校における「エリート層」の「自己批判」をもともなう反乱である。日米安保闘争などの政治的な課題に加え、大学の管理運営や学費値上げなど学内問題への学生の異議申し立てを中核にしたものであった。その動きは、大学に多くの学生を送り込む名門とされる高校などでもみら

図3-4　安田講堂「陥落」翌日の光景

写真提供）毎日新聞社

れた。学生たちは、集会やデモにとどまらず、卒業式を妨害したり学校にバリケートをはったりするなど、学校秩序そのものに反抗した。

その背景には、大学の大衆化の進行、ベトナム反戦や戦後民主主義を問い直す新左翼の台頭など、欧米諸国の学生の反乱と共通の状況があった。また、当時団塊の世代が高等教育に達し、たった一日の受験が人生を決めるという日本の教育の特徴がＯＥＣＤ（経済協力開発機構）の教育調査団によって指摘されたように（『日本の教育政策』一九七二年）、激しい受験競争に象徴される「競争の教育」の現実があった。機会均等と教育の平等を掲げて出発した戦後日本の学校が、実際には選別機関として不平等を再生産する装置であることをあらわにしたことに対する、若者の失意や反発が幅広く広がっていたのである。

このような学校への「反乱」は、一九六九年の東京大学の安田講堂事件以降（図3-4）、七〇年代には表立っては収束した。

一九六〇年代から七〇年代初頭に学校でおきた「反乱」が「エリート層」を中心とするものであったのに対して、七〇年代後半から八〇年代にかけて広まった「反乱」は、一般の中・高校、なかでも中学校を中心とするものであった。そこには、校内暴力、対教師暴力、いじめなど問題行動の増加と、その低年齢化、特に中学生での顕著な増加や普通の家庭環境の子どもたちの問題行動があげられる。

一九八〇年代には、学校のガラスを割るなどの破壊行為や対教師への暴力事件が頻発する、いわゆる「学校の荒れ」が日本中に広がった。さらに、いじめや自死などが社会問題化し、不登校が確実に拡大していたのである。一九七〇年代前半までの若者による異議申し立てが明確な意図をもったものであるとするならば、それ以降のものは、学校に対する身体的な反発や逃避へとその性格を移していったといえる。

脱学校論の提唱

これらの現象と併行して一九七〇年代には、学校の解体を唱える脱学校論が展開した。その先駆けは一九二〇年代の学校死滅論にまで遡るが、直接には一九六四年のP・グッドマンの『不就学のすすめ』(邦訳、一九七九年)などであり、日本においては一九七〇年代以降に本格的に展開する。なかでもI・イリッチは、一九七一年の著書で「脱学校社会(deschooling society)」を提唱し、以下のような指摘を行った。

「多くの生徒たち、とくに貧困な生徒たちは、学校が彼らに対してどういう働きをするかを直感的に見ぬいている。彼らを学校にいれるのは、彼らに目的を実現する過程と目的とを混同させるためである。過程と目的の区別があいまいになると、新しい論理がとられる。手をかければかけるほど、よい結果が得られるとか、段階的に増やしていけばいつか成功するとかいった論理である。このような論理で「学校化」されると、生徒は教授されることと学習することとを混同するようにな(る)」(『脱学校の社会』一三頁)。

ここでは、schoolが動詞として用いられ(日本では「学校化」と訳され)、学校の影響が行き渡る社会を否定的に表している。これまでも、欧米の学校から遅れている点や学校の画一的、注入的な性格など、日本の学校についての多くの批判があった。しかし、この脱学校論の登場以降、日本型の学校だけではなく、近代学校そのものが問われるようになった。一九七〇年代には近代学校批判という政治的な文脈において脱学校論が取り上げられることが多かったが、八〇年代に至って学校というシステムの整備が必ずしも人びとに幸せをもたらすものではないというような、学校の相対化がこれによって本格的になされたのである。

第四章　学校の基盤の動揺
——ポスト経済成長の四半世紀

戦後第Ⅲ期と位置づけた一九九〇年代以降は、戦後の日本の社会を支えてきた仕事―家庭―教育の循環関係が崩れ、戦後の学校の基盤が揺らいでいる。これに対応するため、学校の新たな枠組みや、学校で何を教えるかなどが模索されている。

一九七〇年代後半以降、学びの場としての学校の相対化が、次第にリアリティをもちはじめ、脱学校論への共感が広がった。しかし、九〇年代に入ると、学校は次世代における政治的・経済的・文化的、教育的価値の実現において欠かせないものとして、その必要性が再び強く認識される。ただし、その内実は、学校のオルタナティブな仕組みなど、新たな人間形成の場への視点を含むものである。

一　制度基盤の変容

「戦後日本型循環モデル」の機能不全

オイルショック後の欧米諸国が長らく経済低迷にあえぐなか、日本の企業社会は、男性の長時間労働に加え、女性パートタイマーや学生アルバイトなどを周辺労働として配することで立ち直りをみせ、中程度の成長を遂げていた。これを背景に学校は、八〇年代までは、社会のさまざまな課題から距離をおき、もっぱら企業への人材補給ルートとして選抜機能を発揮してきた。そうした学校のあり方に対して社会的批判が繰り返されてきたにもかかわらず学校が機能し得たのは、仕事─家庭─教育へと一方向に循環する巨大な流れのなかに確固として組み込まれていたからである。

本田由紀の把握によると、「戦後日本型循環モデル」ともいうべきシステムの成立は以下のようなものである。すなわち、高度成長期に、仕事・家庭・教育という三つの社会領域が、国際情勢や生産人口の動向などの偶発的で複合的な環境要因により、雇用労働の拡大、近代家族化の進行、進学率の上昇を生み出し、それらがちょうどいいタイミングとスピードを有しながら結びつき、それぞれの領域間で強固な循環関係をつくりあげたのである。

一九九〇年代の低成長の時代に入ると、八〇年代まで続いた学校と仕事の間断のない安定した接続関係が不確実なものになった。バブル経済の崩壊と長期不況により、企業は正社員の新規採用を抑制しさまざまな雇用形態の非正規社員によって代用した。さらに、少人数で従来の業務をこなす必要から、社員に長時間の過重低賃金労働を強いることにもなった。それにより、夫(父親)を正社員として送り出し妻(母親)によって守られるいわゆる標準的とされた家庭は、生活の足元が揺らいだといえる。また、その子どもである次世代の晩婚化、非婚化、少子化の傾向が強まり、家庭という単位の再生産が滞るようになる。

さらに、家庭間に大きな収入格差が生じて、教育に注ぐ資金もそれを反映して、経済的・精神的な余裕をなくした家庭が増加した。一方で、早期からの過剰な子どもへの介入と投資を行う教育熱心な階層は、局部化はされたがその分濃密な競争関係を築くことになった。教育より生活を優先せざるを得ない層と、過剰に教育熱心な層の二つの層の存在と、結果として次第に循環社会から脱落していく層の増加によって、戦後日本型循環モデルが機能不全に陥っていったのである。

人びとのライフサイクルの標準モデルが崩れることによって、そこに組み込まれていた学校は、子どもにどのようにかかわり、どのような力をつけるべきかという問題に向き合うことになった。

転機としての臨時教育審議会

高度成長期には、企業社会の要請を背景に国家による行政指導のもとに学校制度が拡充・整備され、その結果、肥大化した画一的な競争システムがつくりあげられていた。しかし、すでにみたようにその弊害と硬直化は明らかで、一九八〇年代中頃には戦後の学校制度の前提であったさまざまな原則の見直しがはじまる。

一九八四年に設けられた臨時教育審議会（臨教審）は、戦後教育体制の成立まで遡り「戦後教育の総決算」を謳った。国家に依拠したこれまでの公教育概念を問い直しながら、教育関係政府審議会としてはじめて「教育の自由化」を明確に打ち出した。八七年に出された最終答申は、「（教育の）画一性、硬直性、閉鎖性を打破して、個人の尊厳、自由・自律」を図る「個性重視の原則」のもと、教育における規制緩和と教育サービス提供の主体の多様化、さらに教育を受ける側の選択機会の拡大などが示された。ただし、日本型循環社会システムはこの時点ではまだ健在で、答申では教育の自由化を緊急の課題としては位置づけなかった。

しかし、一九九〇年代に入ると、長期化する不況によって教育格差が生じるとともに、冷戦の終結、戦後政治の五五年体制の崩壊とそれにともなう日教組と文部省との協調路線への転換などの大きな政治の枠組みの転回もあり、教育の自由化を主要なコンセプトとする改革が推し進められていく。

教育や学校をめぐる議論をみると、文部省と日教組・教育運動とを対置させ、「教育の国家統制」と「教師(国民)による教育の自由」とを対抗的にとらえていた高度成長期までの議論から、「教育を与える側(国家、学校、教師)」と「教育を受けとる側(親、子ども)」を対置させ、そのサービスの需給関係や内容をめぐる議論へと構図が移行した。その前提には、教育を子どもの個性や親の希望に応じたサービスととらえる家庭からの教育要求があった。この要求の受け皿となったのが、教育をサービスの一つとしてとらえ、教育の選択の自由を主張した、新自由主義の教育改革であった。

新自由主義教育改革の展開

新自由主義の教育改革は、国家が官僚機構を介して統制する公教育は非効率であり、国家的で画一的な関与や規制を緩和すべきとした。学校を市場的競争下におき、保護者による学校選択や保護者や地域住民による学校評価によって、学校が自ら改革する努力を引き出すというものである。一九九〇年代後半は、こうした論理から、通学区域の弾力的運用や中高一貫の中等学校の法制化がなされた。

通学区域については、一九九八年に三重県紀宝《きほう》町ではじめて学校選択制が実施され、二〇〇〇年には東京都品川区で実施されたのち広がりをみせていく。中高一貫教育にかんしては、一九九八年の学校教育法の改正により、中高一貫校および中等教育学校の設置が公式に認められた。これは、戦後日本の中等教育の根幹をなしてきた中学校・高校という既存の学校の複線化を図るという意味をもつものであった。

二〇〇〇年に入って、教育改革国民会議の最終報告「教育を変える一七の提案」が示された。そこでは、二一世紀の「知識社会」に対応するため「教育への投資を国家戦略」とし、「計画の作成段階及び実施後に厳格な評価」を実施するとしている。教育サービス提供の主体の多様化や市場原理に基づく制度改革が謳われ、これにより民間企業、NPO、ボランティア団体など多様なセクターが参入することになった。

一方で、教育を受ける側の選択機会の拡大として、学校選択の拡大、中高一貫教育の拡大、習熟度別学習の促進、大学入学年齢制限の撤廃、五歳からの入学自由化の検討などが提言された。さらに、指導力不足教員の教職からの排除、民間人校長の任用と校長裁量権の拡大、学校の外部評価とその結果の公表、そして日本版公設民営学校(チャーター・スクール)であるコミュニティ・スクールの導入が掲げられた。

こうした新自由主義による教育改革は、平等重視の社会から個人の自由と競争に主眼をおく社会への移行を標榜するものであるがゆえに、必然的に格差を拡大させる。

他方でこの改革は、「伝統文化」や「しつけ」、「家庭教育」の重視など、新保守的な改革と補い合いながら展開した。それは、問題を抱えた子への厳格な対応(ゼロ・トレランス)、家庭・保護者の教育責任の強調、奉仕活動の義務化や道徳の教科化への動きなど、一九九〇年代後半以降の政策動向に明確にみることができる。一九九九年には「国旗及び国歌に関する法律」が制定され、日の丸が国旗、君が代が国歌として法制化され、学習指導要領で、入学式・卒業式での国旗掲揚、国歌斉唱の指導の徹底が図られた。

教育基本法の改正

この教育改革国民会議の最終報告には、教育基本法の見直しの提言も含まれていた。これを受けた中教審の答申を経て、二〇〇六年一二月に教育基本法は改正された。基本法という形式を引き継ぎつつも条項の構成と法文内容の両面においての全面的な改正であった。戦後教育のバックボーンとされてきた一九四七年の教育基本法が改正されたことは、「憲法・教育基本法体制」という戦後教育の転換を象徴的に表すものであった。

一九四七年教育基本法が、教育勅語を中軸とした戦前の国家教育に対する反省を踏まえて、国家権力による個人への介入を抑制的にとらえていたのに対して、新教育基本法においては、個人に拘束的な規範を介して、教育への国家による方向づけが行き渡りやすい構成となっている。新教育基本法では、戦後教育における国家と個人の関係の見直しを含めて、教育政策における国家の役割が示されたといえる。

具体的には、総合的に教育施策を策定する国家の義務と権限が規定され、それに基づいて政府は「教育振興基本計画」を策定する。自治体はそれを「参酌《さんしゃく》」して自治体の「教育振興基本計画」を策定し、その実現に責任を負って学校を管理する。国の役割は、一九四七年教育基本法においては教育の「条件整備義務」に限定されていたのに対し、新教育基本法では教育の内容や方法にまでかかわることが可能になった。

目標・評価システムの導入

教育基本法改正の背景には、行政指導などの事前規制を原則としていた国家の教育政策が、規制緩和と目標・評価システムによる統制を特徴とする政策へとその性格を変えていく動勢があった。義務教育の構造改革の宣言ともいえる二〇〇五年の中教審答申「新しい時代の義務教育を創造する」は、義務教育について、国の責任によるインプットを土台にして、プロセスは市町村や学校が担い、アウトカムを国の責任で検証することで質を保証する教育システムの構築を提起している。

同答申では、学校は、「自主性・自律性の確立のため、権限と責任を持つとともに、保護者・住民の参画と評価で透明性を高め説明責任を果たすシステムを確立する」とし、カリキュラムの編成に学校にもかなりの裁量が与えられている。学習指導要領の到達目標というかたちで目標を明確化し、その評価は全国学力・学習状況調査や学校評価で行い、目標と評価をつなぐ達成までのプロセスを各学校が担い絶えず改善するという、目標・評価システムを軸にした枠組みを明確にしたのである。

学校は、地域や家庭から評価の視線を向けられながら教育振興計画を実施し、事後には国家の評価を受ける。過程においても、国家による規制に適応しているかどうか踏まえる必要があり、学校は、プロセスと事後のいずれも評価を受けながら、運営や実践を担うことになったのである。

二　学力と学校制度の新動向

学力観の転換

ここまで、戦後の循環型社会の変容とそれに対応するように展開した教育政策の動向について述べてきたが、これと併行して大きく転換したのが学力観であった。

一九八〇年代には産業化に対応した過密なカリキュラムが批判され、「ゆとりと充実」を掲げて学習時間と内容の削減が実施された。学校の自由裁量時間である「ゆとりの時間」の導入はその象徴であった。この後、広義のゆとり路線が四半世紀以上にわたって基調となった。一九八九年の学習指導要領において、「知識偏重の学力観を改め、自ら学ぶ意欲と思考力、判断力、表現力を重視する」教育が打ち出された。「新学力観」と呼ばれる学力観の提示である。共通の知識、技能を身につけさせることを重視するこれまでの教育から、「子どもが自ら考え主体的に判断し表現できる資質や能力の育成を重視する学習指導」への転換が示されたのである。

「新学力観」という名称が定着したのは、一九九一年の指導要録改訂が、「関心・意欲・態度」を評価の最上位に位置づけた観点別学習評価を打ち出したことによるところが大きかった。そこでは、「豊かに生きる力」の資質としての「関心・意欲・態度」「思考力」「判断力」が重視された。それにともなって教師の役割は、「指導」ではなく「支援」を行うものとして、子どもに教え込むことで最低の内容を保障するよりも、子どもに寄り添い学びを促すことが求められた。小学校一、二年生の社会科と理科を廃止して生活科が導入され、遊びや体験的な活動を重視し「自分と身近な人々、社会及び自然とのかかわりに関心をもち、自分自身や自分の生活について考えさせる」(一九八九年、学習指導要領)ことが目指された。それまで「日本型高学力」の特徴とされた、高水準で格差は少ないものの子どもの学習意欲や関心が低いことの克服が課題とされたのである。

一九九六年の第一五期中教審は、「二一世紀を展望した我が国の教育の在り方について——子供に『生きる力』と『ゆとり』を」の諮問に対する答申として、「生きる力」の育成を今後の教育基本理念として掲げた。一九九八／九九年告示の学習指導要領では、学校五日制の完全実施および教育内容の「三割減」が示され、合わせて教科などの枠を超えた横断的・総合的な学習の時間である「総合的な学習の時間」が導入され、各学校の創意工夫による運用が認められた。「ゆとり教育」が本格的に動き出すことになったのである（表3―1、図3―1）。

「ゆとり教育」の転換と新しい能力

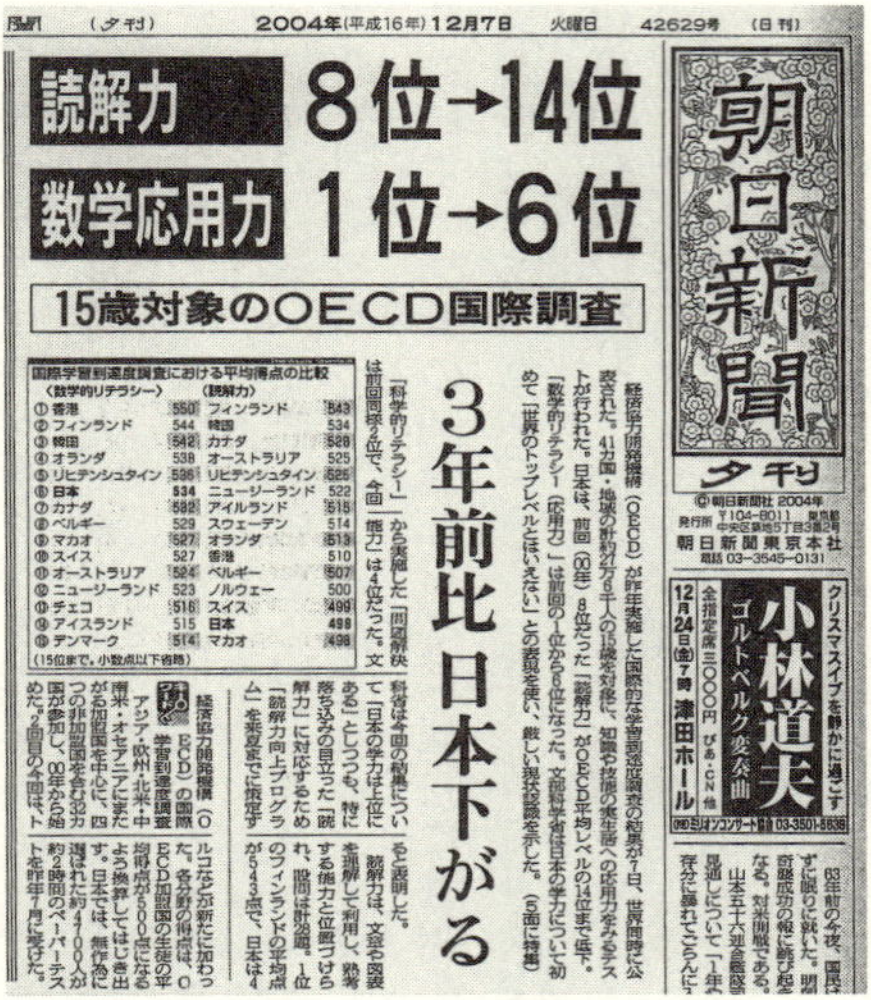
朝日新聞 夕刊 2004年（平成16年）12月7日 火曜日 42629号（日刊）

読解力 8位→14位
数学応用力 1位→6位
15歳対象のOECD国際調査

3年前比 日本下がる

経済協力開発機構（OECD）が昨年実施した国際的な学習到達度調査の結果が7日、世界同時に公表された。41カ国・地域の計約27万6千人の15歳を対象に、知識や技能の実生活への応用力をみるテストが行われた。日本は、前回（00年）8位だった「読解力」がOECD平均レベルの14位まで低下。「数学的リテラシー（応用力）」は前回の1位から6位になった。文部科学省は日本の学力について初めて「世界のトップレベルとはいえない」との表現を使い、厳しい現状認識を示した。（5面に特集）

「科学的リテラシー」は前回同様2位で、今回から実施した「問題解決能力」は4位だった。文部科学省は今回の結果について「日本の学力は上位にある」としつつも、特に落ち込みの目立った「読解力」に対応するため「読解力向上プログラム」を来夏までに策定すると表明した。

読解力は、文章や図表を理解して利用し、熟考する能力と位置づけられ、設問は計28問。1位のフィンランドの平均点が543点で、日本は4

国際学習到達度調査における平均得点の比較

〈数学的リテラシー〉		〈読解力〉	
①香港	550	フィンランド	543
②フィンランド	544	韓国	534
③韓国	542	カナダ	528
④オランダ	538	オーストラリア	525
⑤リヒテンシュタイン	536	リヒテンシュタイン	525
⑥日本	534	ニュージーランド	522
⑦カナダ	532	アイルランド	515
⑧ベルギー	529	スウェーデン	514
⑨マカオ	527	オランダ	513
⑩スイス	527	香港	510
⑪オーストラリア	524	ベルギー	507
⑫ニュージーランド	523	ノルウェー	500
⑬チェコ	516	スイス	499
⑭アイスランド	515	日本	498
⑮デンマーク	514	マカオ	498

（15位まで。小数点以下省略）

経済協力開発機構（OECD）の国際学習到達度調査　アジア・欧州・北米・中南米・オセアニアにまたがる加盟国を中心に、四つの非加盟国を含む32カ国が参加し、00年から始めた。2回目の今回は、トルコなどが新たに加わった。各分野の得点は、OECD加盟国の生徒の平均得点が500点になるよう換算してはじき出す。日本では、無作為に選ばれた約4700人が約2時間のペーパーテストを昨年7月に受けた。

図4―1　「学習到達度の国際調査　日本の読解力低下14位」
（朝日新聞，2004年12月7日，夕刊記事）

「ゆとり教育」に対しては、「教育内容三割減」への懸念をはじめとして、一貫して十分な教育が行えるのかという教育現場や保護者の不安があったが、一九九〇年代末からその声はより大きくなった。その背景には、大学生の「低学力問題」や学力の階層格差論の提起がある。さらにそれ以上に大きな影響を与えたのが、OECDによる国際学習到達度調査PISA(Programme for International

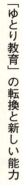

Student Assessment）のインパクトであった（図4－1）。

ＰＩＳＡは、二〇〇〇年から三年ごとに行われ、「読解力」「数学的リテラシー」「科学的リテラシー」の三分野で、一五歳の生徒がそれまでに身につけた知識や技能を実生活で生かす能力を測り公表してきた。ポスト産業化社会を見据えた教育改革は、先進国共通の課題である。先進各国は、二一世紀を、新しい知識・情報・技術が政治・経済・文化をはじめ社会のあらゆる領域での活動の基盤として飛躍的に重要性を増す、いわゆる「知識社会」（knowledge based society）の時代であるととらえている。「知識社会」に必要な新しい能力を測ろうとする試みの代表的なものがＰＩＳＡである。

ＯＥＣＤにおいてＰＩＳＡとともに進められたＤｅＳｅＣｏ（コンピテンシーの定義と選択）プロジェクトでは、国際的に共通する能力概念としての主要能力（キー・コンピテンシー）を示している。そこでは、グローバルな社会を迎えた新時代に必要なキー・コンピテンシーを、次の三つの枠組みでとらえている。（一）言語・情報・技術など個々の知識や技術（リテラシー）を相互にかかわらせながら用いる能力、（二）他者とかかわったり、チーム協同で仕事をしたり、対立を解決する能力、（三）将来への展望をもって計画・実行したり、権利やニーズを主張する能力、である。

これらのうちPISAがとらえようとしたものは、㈠の言語・情報・技術などを使いこなす能力であるリテラシーにかんする調査である。一般的にリテラシーは学校で身につける読み書きの能力を指すが、ここでいうリテラシーはそれを超え、㈡、㈢と関連させながら実際の社会や生活の課題に対応する知識やスキル(技能)ととらえている。その意味で、これまでPISAで測られた能力は㈠のコンピテンシーの一部であり、リテラシーが単なる知識を活用するためだけではなく、社会に積極的にかかわっていく内容をもっている点に特徴がある。

日本の教育政策に大きな影響をあたえたとされるのが二〇〇三年実施のPISAで、前回の一位から六位となった数学リテラシーをはじめとする日本の順位の急落は、「PISAショック」といわれ大きな議論を引き起こした。

PISAの受け止め

これを受けるように文科省は、中教審に学習指導要領の見直しを諮問した。その答申を受けて二〇〇八／〇九年告示の学習指導要領は、総授業数の増加、「総合的な学習の時間」の削減などを盛り込んだものになった。ただしその中身をみると、知識・技能を活用して課題を解決する力として「活用力」の育成が盛り込まれていた。これは、PISAが測ろうとした能力を反映しており、また「総合的な学習の時間」の理念を全教科に及ぼそうとしたとみることもできる。

「ゆとり教育」は、授業時数や教育内容を削減し低学力を引き起こしたことが批判された。しかし、「ゆとり教育」は、一九八九年の新学力観以降、認知能力に限らず対人関係能力や態度なども含む、ポスト産業化に対応する総合的な能力を身につけさせるという側面を明確にしている。この点については、「ゆとり教育」からの路線変更とされる二〇〇八年以降の学習指導要領においても、連続性を有していると認められる。

ＰＩＳＡショックは、ＰＩＳＡの測定する能力が、いわゆる「日本型高学力」と同様のものであるように一般的には受け止められ、むしろ学力向上への動きを煽《あお》る促進力となった。新しい時代の能力の重要性が打ち出される一方で、日本の社会においてはまだ要素的で博学主義的な学力への依存は根深かったのである。

経済再活性化政策の一環として立ち上がった人間力戦略研究会のなかで、「生きる力」の発展、具体化させたものとして「人間力」の育成が謳われている（『人間力戦略研究会報告書』二〇〇三年）。これは、社会を構成し運営するとともに、自立した一人の人間として力強く生きていくための総合的な力とされる。

ＤｅＳｅＣｏのキー・コンピテンシーと「人間力」は内容的に類似しているようにみえるが、「人間力」には「民主的プロセス」「人権と平和」「公平、平等、差別のなさ」「生態系的な持続可能性」などに対する意識が弱く、異質な者との交流、対立や矛盾の調整という視点が薄いという松下佳代の指摘がある。それは、結果的に異質で多様な生徒との交流の機会を狭めることになる能力別学級編成が政策によって推進されたところにも表れている。このようにＰＩＳＡショックは、日本社会においては独特の受け止め方がなされたといえる。

特別支援学校への移行とインクルーシブ教育

二〇〇六年の学校教育法の改正で、「特殊教育諸学校(盲学校、聾学校、養護学校)」は「特別支援学校」へ、小・中学校に設置される「特殊学級」は「特別支援学級」へ名称変更が行われた。「盲・聾・養護学校や特殊学級などの特別な場において、障害の種類、程度に応じた」教育を行うという従来の考え方から、「障害のある児童生徒等の視点に立って児童生徒等の特別な教育ニーズを把握し、必要な教育的支援を行う」「特別な教育ニーズ」という概念が導入されたのである。

この時期、ノーマライゼーションの進展や子どもの権利条約(一九八九年)批准にみるように、子どもの権利への認識の深まりがあった。なかでも、国際的にインクルーシブ（包摂）教育の考え方を提唱したサラマンカ宣言（一九九四年）は直接的な影響を与えた。宣言では、文化的・民族的マイノリティ、経済的なハンディキャップとともに、障害のある子どもが対象にあげられ、特別な教育ニーズに対しては個別に必要な教育を施す必要性が示されている。「インクルーシブ教育」という枠組みで、障害のある子どもたちのニーズに合った教育内容が目指されたものといえる。

二〇〇六年には、障害のある人が一般的な教育制度から排除されることなく共に学ぶことや、個人に必要な「合理的配慮」の提供を示した「障害者の権利に関する条約」が国連総会で採択され、障害のある人とない人が共に学ぶ仕組みを追求するインクルーシブ教育の足場が築かれた。サラマンカ宣言が、障害のある子どもに限らず、さまざまな学習困難に遭遇した子どもへの特別な施策を提言していたのに対し、「特別支援教育」として取り入れた日本においては、対象が障害のある子どもに限定され、かつ施策も画一的であるという問題が、日本特別ニーズ教育学会から指摘された。

これに対して、保護者や子ども自身から、障害に応じた教育を求める特別支援のニーズが増加しているという新しい状況が生まれた。直接的には、自閉症、ＬＤ、ＡＤＨＤなどの発達障害が二〇〇七年以降特別支援教育の対象に加わったことが、増加に拍車をかけたといえる。発達障害への理解が広まり支援教育への抵抗感が薄れたことに加え、学力重視やいじめ対策に追われる通常学級になじめず支援教育へ移るケースも増え、専門的知識をもった教員の不足が指摘された(朝日新聞、二〇一四年一一月一一日付)。

二〇二二年には国連障害者権利委員会が、日本の障害者権利条約批准状況に対して総括所見を公表し、「分離された特別教育(segregated special education)の永続化」への懸念とともに、「特別教育(special education)」を停止するよう勧告を行った。

日本においては、大阪市立大空小学校の実践のようにフル・インクルーシブを標榜し、実践が積み上げられている一方、小学校のどこかの段階で特別支援学級もしくは特別支援学校に籍を移動する割合を示す「小学校通常学級在籍児童の転籍率」が上昇している状況がある。これは上述したような通常学級の現状において障害のある子どもたちを包摂できない例がさらに増加していることを示すものであり、インクルーシブ教育実践において普通学級の改革が欠かせないことを物語っている(赤木和重「インクルーシブ教育における「通常学級の改革」の課題と展望」)。

大学入試のとらえ直し

日本の学校システムにおいて、学校間接続は入試によって成り立っていた部分が大きい。学力試験や入試によって学校間接続を実質的に機能させることは、日本においては近代学校システムの構築期から意図されていた。大学入試はいわばその要にあたり、入試の秩序のもとで人びとの切望(アスピレーション)を喚起し、接続システムを機能させるために大きな影響を与えてきた。しかし、その大学入試も機能不全が指摘された。

戦後の高校から大学・短大への進学率は、序章でみたように一九六〇年代にはほぼ一〇%台にとどまっていたが、大学設置基準の緩和もあり二〇世紀末には過半数を超えた。この時期には、理系なのに「算数ができない大学生」が話題を呼んだ。入試が、大学教育に適応できる学生を選抜することに機能していない実態を浮びあがらせたとして、大学生の学力低下論争の契機となった。

一九九八年の中教審への諮問は「初等中等教育と高等教育の接続の改善について」であった。これまで学校間の接続問題は受験競争の過熱とその対処をコンセプトにしていたが、この諮問は新たに大学教育と中等教育の接続の問題をとらえている。

実際に大学側も入試にかんしては試行錯誤を繰り返し、大学のカリキュラム改革として学力補正のためのリメディアル（補習）教育や初年次教育の取り組みなどが始まった。大学入試が調整していた高校との学力調整を、入学後の大学のカリキュラムが果たすことになったのである。

一方で、大学入試方式の改革も議論された。一九五五年以降個別大学での学力試験を中心にしていた大学入試に共通試験が導入されたのは、七九年の国公立大学入学志望者を対象とした共通一次試験（大学共通第一次学力試験）である。九〇年からは私立大学も試験成績を利用できる大学入試センター試験（大学入学者選抜大学入試センター試験）に変更された。

この大学入試センター試験を廃止し、二〇一九年実施を目指して「高等学校基礎学力テスト（仮称）」、「大学入学希望者学力評価テスト（仮称）」の新設が図られたが実現せず、実際には二〇二一年から「大学入学共通テスト」として実施された（文部科学省「大学入学共通テスト実施方針策定に当たっての考え方」）。これは、「大学教育を受けるために必要な能力」を把握するために、知識・技能とともに、その活用により「課題を解決するために必要な思考力・判断力・表現力等を評価するという観点からの位置づけを明確」にしたものである。

学校間接続をめぐる新動向

入学試験は、学校間接続の方法の一つであるにもかかわらず、日本においては入試制度が唯一の接続方式ととらえられてきた。他方、ヨーロッパ大陸の諸国においては、中等教育修了資格試験制度にみられるように、カリキュラムの一定基準以上の内容修得を条件に進級・進学を認める修得主義によって制度化されてきた。アビトゥアやバカロレアのように、中等教育の卒業資格がそのまま大学の入学資格となるものである。

それに対して日本は、履修主義を取り入れ、入試で入学にふさわしい学力を見極めるシステムが定着した。しかし、少子化などから上級学校への進学が容易になり、入試(学力試験)が機能しにくくなっている現状において、高校と大学(あるいは中学校と高校)双方の教育内容を明確化し、連続性についても考慮した接続のあり方が課題とされている。

その一環として、高等学校卒業程度認定試験(高認)が導入されるなど、中等教育を経ることなく大学に進学できる道が準備されている。これまでも高校を経ずとも大学に入学できる学力の有無を判定する大学入学資格検定(大検)があったが、二〇〇五年度からは満一六歳以上で大学入学資格をもたない者すべてが受験可能な高認が導入され、学校を経由しない接続が正式に制度化された。高認は、高等教育への入学資格、または特定の職業資格試験の受験資格につながる学力証明を与えるものである。

学校間接続は、高大接続だけでなく、高校以下の各学校階梯でも大きな課題となっている。

中高一貫はもっとも早くから整備されており、同一の学校法人が設立する私立中学校および高校において、そのスムーズな連携を意図して行われてきた。一九九八年の学校教育法改正で、単一の学校として中等教育学校が誕生するなど、中等教育の多様化が図られ、以降、公立の中高一貫校が増加している。その背景には、学校週五日制の完全実施への対応や、中高の教育内容の重複をなくし、より効率的なカリキュラム編成を求める動きがある。

三　自明性の問い直し

大衆消費社会と情報化社会

ポスト産業化社会にむけた変化とそれに沿った教育政策の転換は、学校のあり方を大きく変えることになった。子どものおかれた生活世界も大きく変化し、自明と思われた学校の基盤が一九九〇年代以降大きく動揺している。

「その普通の子どもたちが、授業中に読むための漫画を買って登校し、休み時間になると上履きのまま近くのコンビニで買い食いをし、遅刻も早退も、途中で授業を抜け出してまた戻ってくるという中ヌケも自由で、当たり前のように校内で喫煙をし、なんの悪気もなく他人の自転車に乗って帰っていく……」(「ザ・中学教師　子どもが変だ」『別冊宝島』一二九、一九九一年三月、イントロダクション)。

この叙述は、埼玉県の公立中学校に勤務する教師たちによって一九八〇年代後半から九〇年代初頭にかけて刊行された『ザ・中学教師』というシリーズからの引用であるが、一連の「普通の子ども」の変化とそれにともなう教室の変容のリアルな報告が注目を集めた。

八〇年前後の中学生を中心とした学校内暴力や対教師暴力、さらにその後のいじめや不登校問題などは、入試の重圧や管理教育の抑圧といった学校固有の問題によって引き起こされただけではなく、大衆消費社会や情報化社会の出現と進展という、子どもの生活の変化が大きく影響した。

中西新太郎は、子どもの成長環境の変化を「振り子型成長」モデルから「トライアングル型成長」モデルへの移行ととらえている。これは、高度成長期までは、地域・家庭と学校の往復が子どもの成長の軸となる「振り子型成長」であったのに対して、高度成長期以降は地域・家庭と学校と消費文化社会の三者を成長の軸とした「トライアングル型成長」としてとらえたものである。成長の早い時期から消費文化に接し、パソコン、携帯電話(スマートフォン)などが普及した情報化社会で育った子どもたちが、そのまま学校に通ってくることで、これまで消費や情報からは距離をおき「教える―学ぶ」ことに特化していた学校空間が揺さぶられたとみる。すでに過剰な情報や知識に触れている子どもたちにとって、学校知識に特別な意味や価値があるという感覚がもてなくなったとする。

大衆消費社会や高度情報化の進展はその影響力を年々強めていった。モノやサービスの消費を自己のアイデンティティと感じ、他者と同じ処遇を忌避したり、将来のために今を我慢することに価値をおかない人びとの意識は、それとは逆の価値のもとにある学校の規範を緩める方向にはたらく。また、高度情報化社会は時間と空間の制約を受けずに人間関係をつくりあげるため、人びとの結びつきはより柔軟になり、学習のためだけに組織された学校というリジッドな空間の特殊性を、より浮かびあがらせることになったのである。

学校への囲い込みの困難

産業社会からは一線を画す文化の防波堤を築いていた学校も、一九九〇年代に入るとそれを維持できなくなる。子どもを「教える―学ぶ」の関係につなぎ止めていた学校文化が大きく揺るぎ、「学びからの逃走」(佐藤学)ともいうべき状況が進行していった。

藤沢市において、一九六五年以降五年ごとに実施されてきた市内の中学校三年生の学習調査では、一日の平均勉強時間が一九六五年から二〇〇五年の四〇年間の間で、「毎日二時間以上」が二〇・八％から七・八％へ、他方「ほとんど勉強しない」が一・六％から一四・一％へと推移している。「勉強への意欲」では、「もっと勉強をしたい」は六五・一％から二四・八％、「勉強はもうしたくない」四・六％から二二・一％となっており、子どもやその環境の変化が明確にうかがわれる（ちなみに調査は続けられており、二〇二一年には「毎日二時間以上」が一四・一％、「ほとんど勉強しない」が九・〇％、「もっと勉強したい」が三五・三％、「勉強はもうしたくない」が一九・八％である。二〇二一年実施の「第一二回「学習意識調査」報告書――藤沢市立中学校三年生・56年間の比較研究」）。学校文化から離れて消費文化に組み込まれていくことが、そのまま子どもたちに自由で解放された世界を実感させるわけではない。生涯の業績を重視する社会から子どもが自由になるわけではないからである。

とはいえ、日本型の循環社会のサイクルが十全に機能しなくなり、学校―企業のルートが不安定になるなかで、学校の影響力はこれまでのような圧倒的なものではなくなっていく流れは変わらない。学校文化と情報・消費社会化のせめぎ合いにおいて、後者が前者を凌駕《りょうが》していく過程で、子どもを学校に囲い込むことが困難になっていった。一九九〇年代にさまざまな文教政策文書で表明された「自分探し」や「個性化論」も、基本的にはこうした子どもの生活の変化への対応という側面を強くもっているといえる。

「学級」の動揺

一九九〇年代に、「学級崩壊」と呼ばれる状況が広く世間に報告されるようになった。「子どもたちが教室内で勝手な行動をして教師の指導に従わず」、「授業が成立せず、学級担任による通常の手法では問題解決ができない状態」を指す。学級崩壊は、九〇年代初頭にすでにみられたという報告もあるが、先駆的な報道は一九九七年の日本テレビ「ドキュメント97」の「学級崩壊」であり、それ以降、各新聞でも取り上げられるようになった。

学級崩壊につながるものの一つとして、「小一プロブレム」がある。小学校に入学後、学校生活にスムーズに入っていくことができない子どもの数が増えている状況を指している。すなわち、(一)集団行動がとれない、(二)授業中に座っていられない、(三)先生の話を聞かない、など学校生活になじめない状態が続くことである。東京学芸大学が二〇〇七年に実施した調査では、全国の二割の地域で確認されている(東京学芸大学「小一プロブレム」研究推進プロジェクト研究成果発表、二〇一〇年)。遊びを通じた情操教育やコミュニケーション能力の育成が中心の幼稚園・保育園から、学習中心の小学校への環境の変化に対応できない子どもが増えている点を指摘している。

他方、いじめ問題の起因として学級の共同体関係そのものに原因をみる指摘がある。現行の学級制度は「仲良くすること」と「学ぶこと」が強制的に抱き合わされているととらえ、強制的な集団生活のなかで人格支配や集団学習の反復による日常的な抑圧が加えられているとするものである。「スクールカースト」と呼ばれる生徒たちの特殊な上下関係に基づく秩序の形成も、その一つの表れとみる。共同性を足場としてきた戦後の学校の土台の動揺の深さは、学校で起きるいじめ問題や自死事件などを通して、学級のもつ「「濃密」に付和雷同する」(内藤朝雄『いじめの構造』)独特な空間性が問い直されていることからもみてとれる。学校が、同質性を前提とし、わずかな差異で他者を排除しかねない抑圧的な場になっているという指摘である。

経済大国を支えた点で諸外国から高い評価を得た教育における集団主義は、日本の学校の土台を築くものであったが、その基盤にあった学級のあり方が問われることになったのである。

登校規範のゆらぎ

長期欠席者は、一九八〇年代半ばから増加傾向を強め、特に中学校では九〇年代以降、さらにその数が増えてゆく(図0-2)。その多くは「学校ぎらい」を理由とした欠席者(統計上の「登校拒否」児童・生徒)である。

こうした「登校拒否」児童・生徒の増加に対して、文部省の設置した専門家会議が一九九二年に出した報告では「登校拒否はどの子どもにも起こりうる」(学校不適応対策調査研究協力者会議、「登校拒否[不登校]問題について」)という見解が示された。これにより「登校拒否」は一部の子どもの特殊な問題ではないことが、公的にも認められるようになった。

このような動きにともない、「登校拒否」にかわり「不登校」という用語が用いられるようになる。「登校拒否」ということばは、精神医学や臨床心理学領域の専門用語に由来しており、子どもや家庭の病理現象であるというとらえ方である。他方で、「拒否」ということばには、主体的な判断で「学校に行くのをやめる」という意味があり、学校のあり方を問う姿勢を強調するとらえ方でもあった。

これに対して「不登校」は、「学校に行かない/行けない」という状態を示すものであり、欠席行為についての価値判断を行っていない点に特徴がある。「学校に行かない」ことを問題とするとらえ方から距離をおき、さまざまな立場から子どもの欠席について議論することが可能になったといえる。「登校拒否」にかわり「不登校」ということばが選好される社会の変化の背後には、「誰もが学校に行かなければならない」という登校規範の揺らぎをみることができる。

二〇〇〇年代に入ると、不登校生徒の発現率は三・五%程度で一定していた。ただし、登校規範の揺らぎの進行からもうかがえるように、そのことが不登校生徒の増加に歯止めがかかっていったことを意味するわけではない。すでに一九九二年には文部省通達によって民間のフリースクールに通うことも登校と認められるなど、出席に対する極めて弾力的な処置がなされるようになっていたことを踏まえる必要がある。次項で言及する適応指導教室(教育支援センター)への通級や保健室登校など、「欠席」と「出席」の垣根が曖昧になっていく傾向はますます広がり、二〇〇五年には、自宅におけるインターネットなどを活用した学習指導を指導要録の出席扱いにするようになった。

学校においても、子どもの変化に対してさまざまな対応をとった。保健室の対応やスクールカウンセラー、スクールソーシャルワーカーの導入はその例であるが、その対象者を含めると、登校にかんして何らかの援助を必要としている子どもの数は増え続けているといえる。

オルタナティブ学校の制度化

不登校現象に対応するため、学校教育法に定められたメインストリームの「一条校」に代わるオルタナティブ・スクールが、一九九〇年代以降大幅に増加した。その実態の全体をつかむのは難しいが、菊地栄治・永田佳之の調査によると、オルタナティブ・スクールは六〇年代から増加を始め、八〇年代前半に急増し、その後横ばいを続けたのち、九〇年代に再び増加している。八〇年代の後半からは不登校児童・生徒の保護者がフリースクールと名づけた任意団体を設立するようになり、その後安定した運営を目指してＮＰＯ法人へと運営形態を転換する動きがみられるようになる。

一九九〇年度には文部省が学校生活への復帰を支援する「適応指導教室」事業を都道府県に委託し、市町村の教育委員会が長期欠席中の小・中学生を対象に学習の援助を行った。また九〇年代を通して、不登校の親どうしの自助団体である「親の会」を中心とするフリースペースが急増した。民間施設への登校が出席扱いとして公認されるなど、行政機関によるフリースクールの包摂の動きがあり、また子どもたちの自己決定や当事者性を尊重して、フリースクールを積極的に評価する議論も立ち上がるなど、これを支える社会の変化があった(図４-２)。

しかし、フリースクールは正規の教育機関ではなく、卒業しても正式な学歴を得ることはできず、正規の学歴を得るためには、あくまでも原籍の学校に籍をおきながらフリースクールに通うという、いわゆる二重学籍が求められていた。

図 4–2 「フリースクールに公的支援広がる」，東京シューレ葛飾中学校

写真提供）朝日新聞社

このような状況を解消するために、二〇〇二年に文科省が示した学校に関する規制緩和である構造改革特別区域制度（特区）を利用し、学校教育の枠組みのなかでフリースクールの独自の理念を実現しようとする動きが出てきた。特区の適用により、学習指導要領の規定の緩和、出席扱いの基準の変更、学校設立条件の引き下げなどが可能になったことから、フリースクールは多様な形態で広がりをみせた。王美玲は、その類型を、行政機関が運営し学習指導要領の緩和がなされている「公教育型」、フリースクールと行政機関が連携する「官民一体型」、広域通信教育を通した「広域通信型」、さらに学校をサポートする立場でＩＣＴを活用した学習活動を行う学校補完型の「居場所型」に分類して、これらの動向を整理している。

外国にルーツをもつ子どもと学校

日本の公立小中学校には、二〇一〇年時点で約七万五〇〇〇人（二〇二一年は一三万三三一〇人）の外国にルーツをもつ子どもが就学していた。

「在日韓国・朝鮮人」（「在日コリアン」）「華僑」「在日中国人」が「オールドカマー」と呼ばれる場合があるが、これに対して「ニューカマー」と呼ばれる人びとが多く入国するようになったのは一九七〇年代後半からである。八〇年代後半以降になると、非正規の外国人労働者やブラジルなどからの日系出稼ぎ労働者、また日本人との間の国際結婚などによって日本に移住するようになった外国人は急速に増加した。

外国にルーツを持つ子どもの教育機会にかんする問題は、「国民を育てる」ことを前提としていた「日本の学校」の根幹にかかわる。現行の制度では、日本にいる外国籍の子どもが教育を受ける権利は保障されておらず、あくまで日本の学校への通学を希望する場合に「恩恵」として日本人と同様に取り扱うという制度になっている。そのため、不法滞在など保護者の事情で学校教育を受けることができない子どもたちも多数いると推測される。そのような外国籍の子どもは、そもそも日本の学校に学籍がないために、登校していなくても欠席とされず、学校の問題としては認識されにくい状況にある。浜松市に暮らす日系ブラジル人の青年たちを追ったドキュメンタリー映画『孤独なツバメたち——デカセギの子どもに生まれて』（二〇一二年）には、「中学校中退」の若者の実態が描かれている。

また、外国にルーツを持つ人びとやその子どもを対象とした、ブラジル人学校などの「外国人学校」については、それまでは学校システムの視野に含まれておらず、第二章で述べたように朝鮮学校に対しては政府の否定的なスタンスが続いている。ニューカマーについては、家族の意向、短期滞在か長期滞在かなどによって教育的ニーズが異なるが、長期滞在化し日本の公立私立の諸学校や授業料が高額な外国人学校を選ばなかったり、選べなかったりした子どもたちは、不登校や不就学となる場合も多く、外国人専用フリースクール、夜間学校で学習を続けている例もある。

ニューカマーの教育にかんしては、二〇一〇年代前半段階で、浜松多文化共生事業実行委員会による外国人の不就学児童生徒をゼロにする事業(浜松市、二〇一一年度)や、一九九〇年代以降の群馬県大泉町の外国にルーツをもつ子どもたちへの積極的な取り組みが知られている。

四　キャリア教育と公共性の教育

経済・職業社会を生きるための能力の獲得と、公共の社会を生きるための力量の形成は、前者は高度成長を迎える時期に、後者は新制学校の出発期にクローズアップされ、その後も課題であり続けてきた。一九九〇年代以降、企業社会が新しい展開を遂げ、学校と職業社会の連絡が新段階を迎えるなかで、両者は主要な課題として改めて浮上した。

キャリア教育への注目

一九九〇年代以降、企業の雇用戦略の転換とそれを後押しする労働力の流動化政策によって卒業後すぐに正社員として就職することが困難になるなど、学校から企業社会への接続関係が不安定になり、教育システムと職業システムとの接続の調整の必要が生じた。

一九九九年の中教審答申「初等中等教育と高等教育の接続の改善について」は、初等中等教育(小中高)と高等教育(大学)の各々の役割と接続のあり方を検討し「キャリア教育」を位置づけたさきがけであった。キャリア教育とは、キャリアの原義である人生のあゆみを想定した教育であり、教育運動や実践の場面では意識されてきたが、政策レベルでは新しい展開であるといえる。端的にいうならば、進路指導改革の力点が、偏差値による進路指導のゆがみを是正することから若者層の雇用問題の対応へと移ったといえる。

二〇〇三年、内閣府・厚生労働省・経済産業省および文部科学省の四府省による「若者自立・挑戦戦略会議」が発足し、省庁横断の若者政策が本格的に展開する。文科省のキャリア教育政策は、就労支援策をはじめとする政府レベルでの若者政策の一環として位置づけられ、小中高を通して勤労観や職業観を育成することで、若年就労問題に対応することが主要な課題とされた。具体的には、職業体験学習やインターンシップ(就業体験)の意義が強調されたが、なかでも中学校での職場体験学習が推進された。これについては児美川孝一郎が、学校現場では五日以上の職場体験の実施を標準ととらえるなど、カリキュラム全体との連動が必ずしも留意されてないと指摘している。

大学においては、産学官連携、専門職大学院の設置など高度職業人養成などへの支援だけであったが、一九九〇年代後半からは、一八歳人口の急激な減少傾向に対する大学の生き残り戦略として、入試・広報部門だけでなく出口(就職)部門が重視されるようになり、キャリア教育が位置づけられていった。これは、これまでの大学における人間形成のありかたが問われることでもあった。

小中高と同じ一条校でありながら大学は、伝統的に学問の修得や研究への参画を目的とする人間形成を図っており、大学から職業社会への移行は、学問を通して個人が獲得した能力や態度によって果たされるとされ、高校までの教育目標に基づく意図的な人間形成とは異なった方式であった。とはいえ、大学もまた仕事―家庭―教育の循環システムのなかにあり、高度成長期に大学大衆化(トロウのいうマス段階)が進むと、学問と現実社会の乖離《かいり》について俎上《そじょう》に載せられることはあった。ただしその際も、職業社会への移行の問題は顕在化することはなかった。

しかし、小方直幸の研究が示すように、一九九〇年代以降、企業や大衆化された学生からの職業準備にかんして明示してほしいという要求によって、大学の職業準備教育や学問とのつながりについての説明が求められるようになっていった。

学校と仕事の連絡の再考

「キャリア教育」は、動揺しはじめた日本型循環社会に対する国の総合的な施策として提唱されたものであり、学校と社会との連絡関係を可視化させた。

「学校選択」の指導のみならず、「生き方の指導」や「生徒の選択決定」を重視したキャリア教育は、子どもの進学先の振り分けとして機能してきた「進路指導」の克服という意味をもつ。

偏差値による進路指導の問題点は、これまで文部省からも通知や通達を通して指摘されている。実践研究でも、全国進路指導研究会や全国到達度評価研究会などの民間教育研究団体を中心に克服が提言されてきたが、教育現場全体を動かすまでには至っていなかった。しかし、労働市場が不安定化するなかで、卒業後の職業生活や社会生活を意識した職業社会への移行の支援が欠かせない状況となり、キャリア教育は教育現場でも緊張感をもって課題としてとらえられるようになった。

進路指導の内容は、子どもが自己理解や社会や職業への理解を深め職業社会に適応すること、不当な労働状況への対処も含めた職業にかんする知識を習得すること、などが想定される。そのためには、「やがては仕事に就き、社会生活をおくる」というビジョンをもったカリキュラムや学校知識観が前提となる。

他方、いうまでもないが、不安定な労働やそこから生じる生活上の問題は、キャリア教育だけで対処できることではない。公的福祉の拡充が十分になされないままであれば、窮地に陥った若者を自己責任としてさらに追いつめることになりかねない。労働市場や福祉など、他の社会領域と連携した学校教育におけるキャリア教育が必要とされた。

公共性の教育

高度成長期以降、消費的価値が社会を席巻《せっけん》するようになると、学校はその壁を高くし子どもを消費的価値から保護しそのうえで子どもを社会に送り出してきたが、それは学校と社会との関係を希薄にした。社会と学校との関係に意識的な教育実践は民間教育研究運動においてこれまでも積み重ねられてきたとはいえ、全体としては、子どもたちは偏差値体制という学校の内部秩序のもとで過ごしていたといえる。公共空間とはすなわち国家の空間であるという受け止めのもと、「道徳」や「愛国心」の教育が準備されるようになったのも、このこととは無縁ではない。

一九九〇年代を迎えて、グローバル化および価値の多様化・複雑化が進み、何を価値とするかという葛藤状況が顕著となるなかで、改めて公共性とは何かが問われており、シティズンシップ（市民性）を支える政治的リテラシーの必要性が注目された。社会的な答えの定まっていない「論争的問題をどう教えるか」「争点をいかに理解するか」というB・クリックらの提起をふまえて、論争的な問題の教育を後述するシティズンシップ教育として導入する試みもなされた。

なかでも二〇一一年三月一一日の東日本大震災による福島第一原子力発電所の事故は、科学や専門家への不信や不安をもたらし、論争的な問題を扱う教育の重要性が認識された。科学的リテラシーや一八歳選挙権とも関連する政治的リテラシーの獲得が課題とされ、教科やカリキュラムの検討がはじまった。東京大学教育学部カリキュラム・イノベーション研究会の検討はその一つである。

消費的価値をもとにした市場原理に支配される現実社会において、公共社会を生きる政治的能力の育成を教育の積極的な対象とすることは難しい。したがって、市場原理とは別の原理（すなわち公共性）のもとに政治的能力の獲得を保障する必要があり、そこに学校の役割が認められる。

シティズンシップ教育と「総合的な学習の時間」

日本の学校カリキュラムは、教科と、特別活動などの教科外から構成されている。学校カリキュラムの中核に置かれている教科は、伝えようとする文化財を分割・系統化してつくりあげられた学校知識を軸にしている。教科中心の学校教育は、それだけで実際の社会を生きるための力をつけることができるのかが常に議論されてきた。二一世紀に入ってからも、教科をもとにした教えの体系が、子どもの学びを制約しており行動する力を養成できていないという言説は繰り返され、教科の総合化（総合教授・学習）に価値がおかれてきた。

前述したように、一九九八／九九年告示の学習指導要領から、教科の枠を超えた横断的・総合的な学習を標榜し「総合的な学習の時間」が導入されている。学年の枠にとらわれない多様な体験学習や問題解決学習への取り組みと、学校・家庭・地域の連携を掲げており、これまでのカリキュラムの枠組みに修正を加えるものであった。

さらに「シティズンシップ教育」という観点から、小玉重夫は「総合的な学習の時間」に注目している。シティズンシップとは、「民主主義社会の構成員として自立した思考と判断を行い、政治や社会の公的な意思決定に能動的に参加する資質」を示す概念であり、その育成を目指すのがシティズンシップ教育である。関連する各教科の内容と組み合わせながら、「総合的な学習の時間」を教科を横断して実施することで、市民としての思考力や判断力を育て、実際に行動できる「活用力」を養成するために有効であるとする。

他方、「総合的な学習の時間」については、家庭の文化的な環境が反映しやすく、学校に親和的な中間層は積極的にこの時間を活用できるが貧困層は難しいという苅谷剛彦の報告もあり、階層的な格差を拡大するという指摘もなされている。また、本田由紀は「総合的な学習の時間」が個人の内面にかかわる意欲や創造性などを養成しようとするものととらえ、学校教育が直接そうした領域を対象とすることの是非を問うている。

学校におけるケアの視点

高校や大学などを出ていれば安定した仕事につけるとは限らない不確定な時代になり、既述したように子どもの貧困問題の対策と教育の保障が重要な課題として浮かびあがった。親から子への「貧困の連鎖」を断ち切るためには、教育機会の保障は欠かせない。「教育の機会均等」は、戦後の教育理念の根幹である。具体的には、子ども本人の選択や努力で解決できない条件によって進学を断念することがないように、社会の側が配慮する責務を負うことである。

この理念に立ち、国立大学の年間授業料は出発期の一九五〇年には三六〇〇円と低く設定されていたが、値上げが繰り返された。二〇〇四年に国立大学法人になるにともなって授業料は標準額の設定(当初は一〇%、二〇〇七年からは二〇%を上限として増額可能)で二〇二四年時点で五四万円に迫ろうとしている。さらに、二〇二五年度には七校が六四万円台となる。飛躍的に大きくなった家庭の経済的負担が就学の壁となっており、子どもの相対的貧困率が一五%を超える状況において、経済的事情から進学そのものを断念する子どもの多いことが推察される。大学に入学しても奨学金(ほとんどが貸与型)を受けている学生の数が半分を超えており、その返還が若者に重くのしかかっている。各学校段階における子どもの教育機会を保障し自立を支えていくことは緊急の課題である。

一方で、子ども自身も変化している。学校に行けない子の増加にも表れているように、少なくない子どもと学校制度との乖離が起きている。地域共同体社会とのパターナルな関係を包含しながら学校共同体をつくりあげて定着を図った日本の学校は、学習の空間としてだけでなく、生活の場としてさまざまな内容を組み込み、教師と生徒、生徒どうしの関係づくりがなされてきた。その集団性や共同性が、現代では子どもたちにとって抑圧として現れるようになっているといえよう。

実践記録などからみえる現代の子どもは、傷つきやすい《ヴァルネラブル》存在であり、受け入れられ認められているという感覚がもちづらく、自分の存在を確認できる集団や場所、すなわち「居場所」が見つけづらくなっているといわれる。子どもがともに生活し学ぶ場として築かれてきたはずの学校・学級共同体が機能しづらくなり、その再構成が課題となっている。

学校においても、子どもの生活が成り立つように支援したり、日々の生活の困難に子どもの側に立って対応することは、ケアともいえるものであり、この視点に立った取り組みが求められている。しかし、そこには教育とケアとの本質的な性格をめぐる固有の難しさが存在している。

生活困窮者自立支援法は、二〇一三年に生活保護に至る前あるいは保護から脱する段階での自立支援の強化を図るために制定された。同法に基づいて実施された学習支援は、貧困の連鎖を断ち切るための重要な施策である。ただし、福祉と教育の結合は、ケアの領域に教育が入り込むことで、教えるという眼差しから避難してきたはずの子どもをむしろ追い込んでいく場合がある。「ありのまま」を価値とする福祉の領域と、「よりよく」を価値とする教育の領域との介入行為の性格の違いに起因する困難がそこには存在し、緊張関係を生じさせることにもなる。

五　土台を支える取り組み

居場所としての学校

こんにち、虐待やネグレクトなどを経験した子ども、無理をして過度に学校に適応しようとする子ども、いじめを受けている子ども、発達障害をもつ子ども、自傷行為などメンタルヘルスケアを必要とする子どもなど、さまざまな困難や傷を抱えた子どもたちが学校に通っている。こうした子どもの存在は、情報化、価値観の多様化や生活様式の変化を背景にしつつも個別の事情によるところが大きいが、家庭の経済的な問題が背景にある場合は親の貧困が子へと連鎖していく現状がある。

社会状況としては、一九九〇年代初頭のバブル景気の崩壊と二〇〇八年のリーマンショックなどの打撃で、働いても必要な収入が得られない就業者(ワーキングプア)が生み出されるなど、貧困問題が大きくクローズアップされた。阿部彩が指摘しているように、子どもの貧困率を知るための手がかりとしてもっとも信頼性が高いデータは、就学援助費の受給率であろう。就学援助費の制度は、給食費、学用品費、修学旅行費など、低所得世帯の子どもの義務教育にかかる費用を国と自治体が支援するものである。その受給率は二〇二〇年度で一四・四%を超えている(文部科学省「令和二年度要保護及び準要保護児童生徒数」及び「令和三年度就学援助実施状況」)。義務教育学校に通う子どもたちの貧困が七人に一人の割合に迫ろうとしていることを示している。

こうしたなかで、二〇〇〇年以降、貧困や生活困難を背景にした子どもたちの欠席が、再び着目されるようになった。長期欠席児童生徒のなかには、貧困や生活困難によって学校への通学を断念する「脱落型不登校」(保坂亨『学校を欠席する子どもたち』)が学年進行とともに増加する傾向が明らかになっている。学校教育費の対GDP比についてのOECDの調査では、日本は、奨学金制度など教育への公的支援をはじめ、公的支出の割合が他の先進国と比べて最低水準にあることが示されている(『図表でみる教育OECDインディケータ(二〇二三年版)』)。

経済的な面のみならず、さまざまな困難をもつ子どもへの対応という課題は、学校での教育実践に大きな影響を与えている。第三章で取り上げた全生研の「民主主義の訓練」の実践も、九〇年代を迎えて民主主義的な集団の形成という目的は変わらないが、子どもへの対応において大きな展開を遂げている。

一九九〇、九一年に示された全生研常任委員会『新版　学級集団づくり入門』(小学校編、中学校編)では、「共感」「対話」を通して子どもたちが承認し合うことが生活指導の基盤に据えられ、二〇〇〇年代に入ってからのテキスト『子ども集団づくり入門』(二〇〇五年)では「子どもたちにとって「居場所」となる集団が何より大切である」とする。生活指導実践においては、子どもの人格形成や関係づくりの能力の育成の前提として、子どもどうしの基底的な関係性をつくることが大切であり、そのために共感をもって他者に接するケアの意識の必要性を指摘している。

保健室の守備範囲

戦後も、「養護をつかさどる教員」(学校教育法)として通常は授業を行わない養護教諭が各校に配属された。戦前の「衛生室」は呼称が一九五〇年代初頭まで使われることもあったが、学校保健法(一九五八年)によって「保健室」と規定された。保健室には、養護教諭が常駐して、子どもの心身の健康状態を把握することになった。

保健室の機能は、藤田和也の整理によれば、ケガや急病に対する応急の「処置室」、身長や体重、視力などの「測定室」、体調不良の子の一時的「休養室」、健康相談などの伝統的機能に加えて、いろいろな悩みについての「相談室」、からだや健康についての「学習室」、保健委員の子どもたちの「活動室」などからなる。さらに、こんにち、なんらかの理由で教室に居づらい子の一時的「避難室」、休憩時間に気軽に立ち寄る「談話室」などの要素も加わってきている。また、教室には通えないが保健室には登校できる子どもに登校援助も行っている。

登校しても教室に行かず保健室で過ごす、あるいは学校生活の拠点を保健室におく状態のいわゆる「保健室登校」が、養護教諭を中心とした学校保健関係者のなかで位置づけられだしたのは一九八〇年代半ば頃であるとされ、この動向は不登校の増加と符合している。不登校の子どもへの試行錯誤の対応のなかで、居場所を求める子どもを保健室が受け入れてきたのであり、保健室登校が「登校」としてみなされる土壌をつくりあげていた。

「チーム学校」への動き

教師が学校で教育にかかわるあらゆる業務を一手に引き受けてきた状況に対して、外部の専門家を学校に積極的に導入し、教職員の役割分担や連携のあり方を見直す動きも進んできている。スクールカウンセラーやスクールソーシャルワーカーの導入はその代表的な例である。

スクールカウンセラーは、学校内でカウンセリング(相談)などを行う公認心理師や臨床心理士などの専門家である。一九九五年に文部省から「スクールカウンセラー活用調査研究委託実施要綱」が出されたのを契機に、学校現場に派遣されるようになった。その結果、これまで学校の教職員を中心に行われてきた相談活動に加えて、カウンセラーによる「治療」的な視点を取り入れた相談体制の充実が図られた。

これにより、悩みや問題を抱えた子どもや保護者への対応の充実などが期待されているが、その際に「指導」と「治療」という異なる目的をもつ教師とカウンセラーが、どのように連携していくかが課題として残されている。

また、日本では、一九八〇年代の半ばからスクールソーシャルワーカーの必要性が唱えられ、二〇〇八年度から文部科学省による活用事業が開始された。スクールソーシャルワークは、深刻な状況にある子どもたちの日々の生活の困難を、子どもの側に立って解決するためのサポートシステムである。内容は、問題を抱える子どもやその保護者の必要に応じた相談、学校関係者への代弁、当事者の視点での情報提供、人間関係のもつれに対する中立的な立場での調整、援助に必要な人や集団間を結びつける仲介、援助が必要にもかかわらず自ら援助を求めない者への家庭訪問や学校教職員へのアドバイス・コンサルテーションなど、複数の領域の調整を中心に多岐にわたる（図4-3）。

定時制高にスクールソーシャルワーカー

外部と連携 中退防ぐ

福祉の目、学校に対応助言

中退する理由 多様

きょういく埼玉

図4-3　スクールソーシャルワーカーの活動を伝える記事
（朝日新聞，2013年4月6日「きょういく埼玉」）

教育と福祉（ケースワーク）という異なった専門職間の業務・役割の調整や連携は簡単ではない。二〇世紀初頭にアメリカで子どもの救済支援にあたったビジティング・ティーチャー（スクールソーシャルワーカーの前身）や、一九五〇年前後に特定の学校に籍をおき家庭・地域への訪問や関係機関との調整にあたった高知県の福祉教員についての倉石一郎の研究は、その歴史を示している。

さらに、栄養教諭制度の創設（二〇〇五年）や学校司書の法制化（二〇一四年）など、資格をもつ専門スタッフが積極的に外部から配置されるようになってきており、多様な専門性と連携し、「チーム学校」として学校組織全体を支える動きがより推進されようとしている(中教審初等中等教育分科会の作業部会)。この動きは、教師の専門性や職務の分担のとらえ直しを含むものであり、学校組織内で情報やビジョンの共有の難しさなどさまざまな実践的課題が指摘されている。ますます複雑になっていくであろう学校を支える専門職との関係の協働と調整は、教師の新しい専門性とかかわる課題である。

教師の専門職性

さまざまな専門職が学校に配置されるようになると、そのなかでの教師の役割や教師にとっての専門性とは何かが改めて問われることになる。教師の専門性とは、教育活動における高度な知識や技能を指すだけでなく、社会からその専門性が認知され、信頼や地位が与えられている必要がある。このように社会との関係で専門職をとらえようとする概念が専門職性である。この概念では、人びとがなにを期待するのかによって、「専門性」が再定義されることになる。

一九九〇年以降、新自由主義的な教育改革が進むと、目標—評価システムによって学校教育の質の向上が求められるようになる。その背景には、学校(教師)、教育委員会といったいわゆる教育の専門職に対して、いじめなど、学校の内部で起きたことを恣意的に処理しているのではないかという疑念が抱かれていることがある。こうした学校教育に対する不信・不満を受けてのことである。

このような状況に対して、教師は自らの専門性を社会に示していくことが求められている。そのなかで、新たに学校を構成する専門職にどう対応するかという課題は、子どもや家庭さらに地域の人びとも含めて、「学校利害当事者」の声を踏まえながら、より広い視野でとらえられることが重要な課題であろう。そうした課題に積極的に向かい合う教師のあり方は、「民主主義的な専門職性」(G・ウィッティ)と総称されることがある。

戦後の学校は、社会から要請された課題の多くを引き受けてきたが、こんにちでは学校に対して、たとえば、教育委員会制度の改革においては選挙で選ばれた首長の意向が直接的に学校に及びやすくする対応を示すなど、教師の専門性よりも市民の意向に軸を移す傾向が強まっている。

一方で、これまで述べたように、学校の戦後史が学校と社会との関係史であり、教育的関係のあり方を模索しながら社会の要求に対応してきた学校が教育の事実をつくりあげてきたものとしてみるならば、それを主に担う教師のあり方やそれに付随する教師の専門職性は軽視できないものである。

教師、子ども、保護者、地域住民、他の専門職など、学校を支える教育的関係を再編することで、本書で触れてきた課題のみならず、「学校参加」や「専門職自治」など新たな問題も含めて、社会からの要請に対応していくことこそが重要な課題である。むろん、これまでのいわゆる教員文化をそのまま継続させるのではなく、時代に応じた教師の専門職性を見極めながら、新しい教育的関係のもと学校の構築が図られることが重要であろう。二〇一〇年代から大きな問題として顕在化、深刻化していく「教員不足」への対応にも、こうした教師の専門職性を踏まえた議論が欠かせない。

第五章　問われる公教育の役割

――この一〇年の動向を軸に

学校を取り巻く環境が二一世紀を迎えて急速に変化している。

六－三制を担う学校の構成の見直しや学校の外部の諸教育機関を公教育に組み込もうとする動きなど、戦後の学制の基盤を見直す議論が起きている。これらは、学校制度の範疇《はんちゅう》を変化させるだけでなく、公教育や義務教育の境界が再設定されることにもつながり、改めてそれぞれの定義が問われる状況が浮かびあがっている。

「平等」に教育を受けることができるように制度化されてきた戦後の学校は、こんにち、個人の「選択」を重視する子どもや家族のニーズに応えようとする動きをみせている。その延長に、学校に行くこと自体の選択も含まれる。

この動向は、人類史的な社会変動への対応と連動している。少子化により学校の統廃合が進み、コロナ禍を契機にオンライン環境が整えられ学校に行かずとも勉強することができる条件が整ってきている。さらに、AIに代表される情報テクノロジーは学校で学ぶことの意味を変えようとしている。

そのなかで学校の置かれている足場が大きく変動している。

一　「学校」の見直しの動向

六―三―三制の見直しの流れ

日本型循環社会の礎《いしずえ》となってきた六―三制を基本とする戦後の学校のあり方が、本格的な見直し作業に入ろうとしている。

六―三制の問い直しのあゆみを概括すると、新学制は、当初単線型で出発したが、一九五〇年（六四年に恒久化）には短大が、六二年には高等専門学校（高専）が発足することで一部複線化された。さらに、国家の「長期的教育計画」として、一九七一年の四六答申（「今後における学校教育の総合的な拡充整備のための基本的施策について」）において、学制の複線化のプランが示された。そのなかには、すでに先導的な試みとして六年制の中高一貫校、五年制小学校や四年制の中学校・高校などが含まれていた。

しかし、こんにちの議論の起点は、八〇年代の教育自由化の動向のもとで六―三制の見直しを打ち出した臨教審であり、さらに制度改革が本格的に動き出したのは九〇年代からである。

六―三制の制度変容

六―三制の制度の修正が進んだ一九九〇年代には、私学を中心に中高一貫校がすでに存在していたものの、一九九八年に制度化された公立の中等教育学校は、これまでの単線型学校制度に修正を加えるものであった。小学校を卒業すると全員中学校に進んで義務教育を修得するという枠組みが一部変更されたのである。

二〇〇七年、教育再生会議で「六―三―三―四制」の弾力化が示された。翌〇八年には学校教育法の改正で、中学校の目的が「中等普通教育」から「義務教育として行われる普通教育」に変更され、九年一貫の「義務教育学校」の導入を受け入れやすくしていた。教育再生実行会議は、一四年七月に「今後の学制等の在り方について」とする第五次提言で、「学校段階間の連携」および「一貫教育の推進」を打ち出した。

二〇一四年一〇月には中教審が、学年の区切りを自由に設定できる「小中一貫教育学校（仮称）」と、別々の小学校と中学校が統一したカリキュラムで学ぶ「小中一貫型小中学校（仮称）」の制度の導入を取りまとめ、一六年から公立の小中一貫校が制度化されることになった。これにより、九年間で義務教育の内容をさまざまな区切りを入れながら修得することができるようになり、四―三―二制など六―三制にこだわらないさまざまなバリエーションが可能になった。

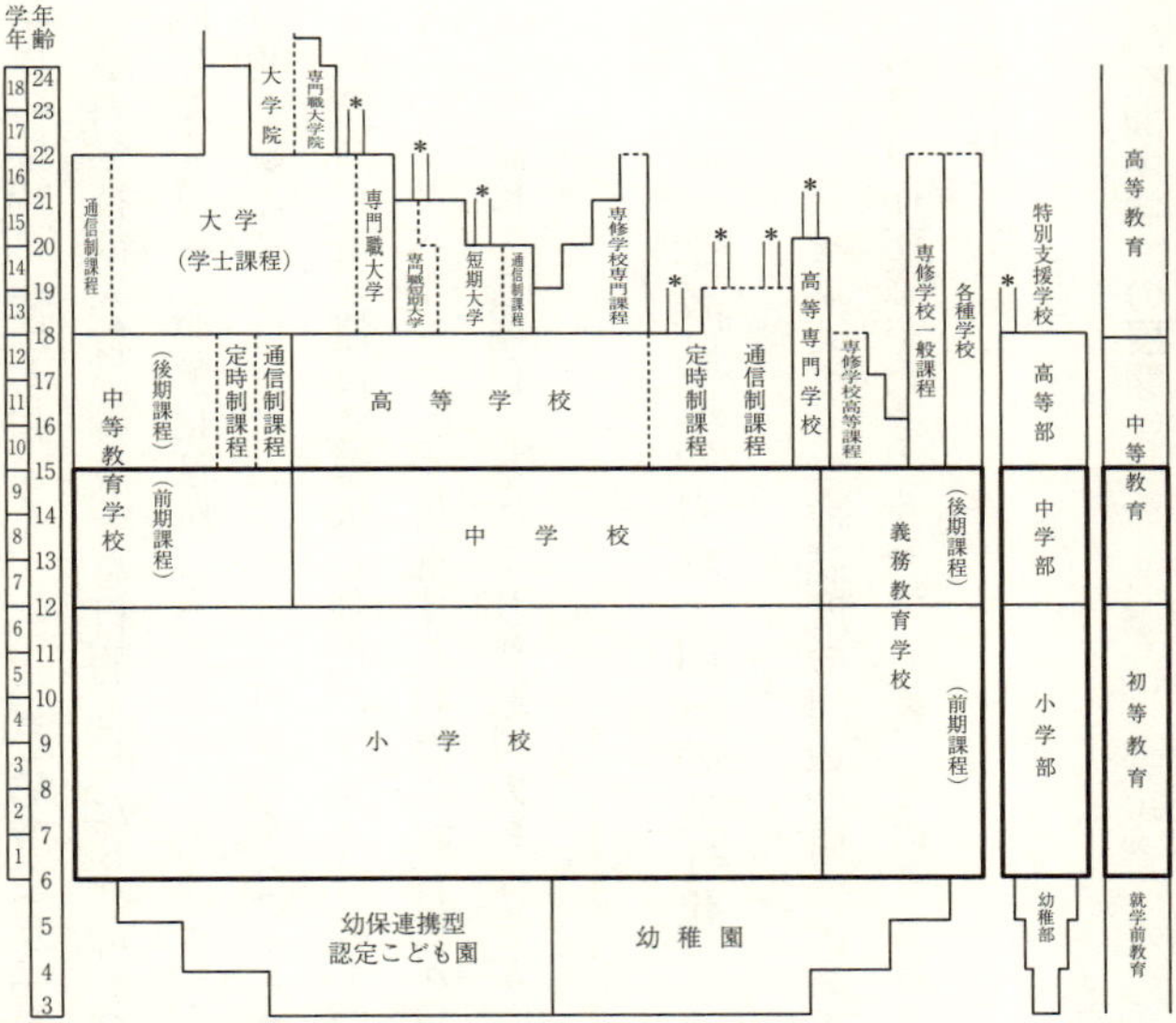

図 5-1　2024 年の学校体系

出所)『諸外国の教育統計　令和 6(2024)年版』

註)1. ＊印は専攻科を示す.

2. 幼保連携型認定こども園は，学校かつ児童福祉施設であり 0〜2 歳児も入園することができる.

3. 専修学校の一般課程と各種学校については年齢や入学資格を一律に定めていない.

二〇二二年には東京都が、都立国際中等学校附属小学校を設置し、小中高一貫教育を開始している。

これは単線型の六―三制である戦後の義務教育制度が大きく転換することを意味する。それにともなって、義務教育という点での小学校と中学校の一貫性が強まる一方、「複線」化が小学校段階にまで及ぶことになったといえる(図5―1)。

他方、高校・大学・産

業界の接続・連携も強まる。二〇〇二年度より「先進的な理数系教育を通じた国際的に活躍しうる科学技術人材の育成」を目的としたSSH(スーパーサイエンスハイスクール)支援事業、一四年度より「国際的に活躍できるグローバル・リーダーを高等学校段階から育成」することを目的としたSGH(スーパーグローバルハイスクール)支援事業が開始された。二〇二〇年度には、それぞれに認定制度を導入し強化がすすめられている。高校教育と大学教育が連携することで、産業のイノベーションを推進する高度人材育成が目指されている。これに限らず、後にみるように、高校の普通科改革により普通科の多様化が図られていく。

二　学校制度の周辺・周縁の活性化

二一世紀を迎えて、学校制度の周辺や周縁に叢生する学校群の多様化や、「学校」以外の学びの場の存在感が大きくなっている。そのことは、日本の学校が抱え持っていた課題を浮かびあがらせている。

「夜間中学」の展開

学校教育法が定める学校である一条校のなかでも、新制の中学校は、国家(社会)による教育の責任の範囲の境界線を示しており、中学校をいかに定着させるかは戦後教育の成否を占うことでもあった。とはいえ、敗戦直後の多岐にわたる国民の困難のなかで労働力として期待されていた子どもや家族の生活の現実は、教育理念の実現を拒む状況を作り出していた。第二章でふれた夜間中学は、子どもの現実との齟齬《そご》を埋めるべく登場したものであった。

戦後の混乱期を終えて人びとの生活が落ちつくにしたがい不就学・長欠児は減少し、一九五〇年代半ばをピークに夜間中学は設置校数、生徒数共に減少を続けた。しかし、六〇年代末から七〇年代初頭にかけて、入学してくる者が「学齢の不就学・長欠児」から「学齢超過の義務教育未修了者」に変化し、再び上昇に転じる。

その後、七〇年代半ば以降、在日朝鮮人や韓国・中国からの引揚帰国者の割合が増え、またインドシナ難民や障害者、不登校生徒などの入学も増加し、生徒層は多様化する。この間、市民が自主夜間中学を設置する動きもみられた。九〇年代に入ると、第四章でふれたようにニューカマーと呼ばれる外国人の生徒が急増する。夜間中学は、国策に大きく影響される日本社会のマイノリティの教育を担う実質的な受け皿となっており、戦後の学校が抱え持っていた課題を浮かびあがらせたといいえる。

文科省の対応もこの間大きく変わった。二〇一〇年代の半ばには、これまで公式には入学を認めてこなかった「入学希望既卒者」（形式卒業者）の夜間中学入学を認める通知（二〇一五年七月）が、さらに学齢の不登校生徒の受け入れを可能とする通知（二〇一六年九月）が出された。文科省は、形式的卒業者や学齢の不登校生徒の夜間中学入学が争点となって以来一貫して受け入れに難色を示してきたが、ここに来て対応を転換させたといえる。

夜間中学は、義務教育未修了の学齢超過者の学び場へと変化してきており、こんにちでは、義務教育を補填する役割を積極的に付与されてきている。夜間中学の入学者の変化の過程で形式的卒業者の問題が顕在化したように、履修主義の運用を行ってきた義務教育の問題点を照射することにもなっている。

広域通信制高校の拡張

義務教育修了後の「学校」の外延も広がっている。第二章でふれたが、高等学校定時制課程および通信教育・通信制課程を修める定通教育機関は、全日制課程の高等学校を補うように制度化された。高校進学の希望や意志があるにも関わらず入学・通学が容易ではない生徒に対して、定通教育は大きな役割を果たしてきた。定通教育は、教える内容とは別の水準で、生徒の生活環境を考慮した形態を作ることを課題とした教育機関であり、歴史的にその割合は定時制から通信制へと移ってきたといえる。

通信制高校は、一九九〇年代以降内訳が大きく変わってきている。八〇年代までは公立・私立いずれもほぼ変動なく推移してきたが、九〇年代初頭から特に私立校が増え始め、二〇〇〇年を迎える前後から急激に増加してきた。

拡大の中心は私立の広域通信制高校である。在籍者に目を向けると、私立校では一貫して一五〜一九歳が多い傾向があったものの、一九八〇年代以降はとくに一五〜一七歳の生徒の在籍率が高くなった。九〇年代以降は、在籍者のうちの転・編入学者の割合が増加する。二〇〇〇年代に入ると、主に転入学経験を持つ一五〜一七歳の生徒たちの受け皿として機能するようになった。

私立通信制高校では、ネット応対やサポート授業による支援が行なわれ、文科省の定める通信制科目の学習のみで卒業が可能になるなど、柔軟なカリキュラムも存在している。さらにサポート校に週五日通学する学校もあり、就学行為として全日制との境界がみえなくなっている。これまで学校経営とは縁が薄かった他業種からの動きが活性化しており、そのなかで学校法人角川ドワンゴ学園が「通信制高校の制度を活用したネットの高校」と銘打ったN高等学校（二〇一六年)、S高等学校(二〇二一年)を開校し、二〇二四年八月の段階で三万人以上の生徒数を数えるに至っている。

私立通信制高校が急増したのは、高卒資格取得を望む生徒の多様なニーズに対して、学校の制約を弾力化してそれらに対応できるような枠組みがつくられていることがある。生徒の側からみると、就学に合わせて生活するのではなく、生活に合わせて学校を選択する契機となっているともいえる。

教育課程特例校/教育支援センター(適応指導教室)

義務教育を支えている中核の学校の教育課程の柔軟な運用が、制度的に拡大されている。一例として、教育課程特例校が「地域の実情に応じて教育課程の基準によらず特別の教育課程を編成して教育を実施することができる学校」として増加している。全国一律だった地方自治に風穴を開けることを目指して二〇〇二年に施行された、先述の構造改革特別区域法(特区法)に基づく学校である。特例校そのものの出発点は一九七〇年代の研究開発学校制度にまでさかのぼるが、特区法によって構造改革特別区域研究開発校として、さらに二〇〇八年度からは教育開発特例校として、手続きが簡素化されることで拡大してきた。

そのなかで、不登校特例校も地域の特性に応じて特別な教育課程を編成することが可能となり、二〇二三年三月には、「学びの多様化学校」と名称が変更された。不登校の子どもたちへの支援についてまとめた「誰一人取り残されない学びの保障に向けた不登校対策」(COCOLOプラン)通知にともなっての変更であり、設置が推進されている。学びの多様化学校は、二〇二四年一月段階で全国に三二校あり、二〇二七年までに全都道府県での設置がもとめられ、将来的に三〇〇校が目指されている。

また、公的機関が運営する、不登校の子どもの支援を主な目的とした学習支援や教育相談が提供されている。主に不登校になっている小中学生(一部高校生まで)が通うことができる、学校以外の学びの場として、一九九〇年に「適応指導教室」施策が開始され、二〇〇三年に「教育支援センター」へと名称を変更した。一九年に文科省の不登校児童生徒の支援目標が「学校復帰」から「社会的自立」に転換したのに伴って支援センターの目標も置き換えられた。

さまざまな経緯を経て支援センターにたどり着いた子どものなかには、そこでの関係を持続できない例が少なからずある。家庭に困難を抱える子どもたちが存在していることが背景にあり、その対応が課題となっている(樋口くみ子「教育支援センター(適応指導教室)の排除/包摂の構造とプロセス」)。

外国人学校の展開と状況

外国にルーツをもつ子どもたちを主な対象とする外国人学校は、戦前から横浜山手中華学校、東京横浜独逸学園など多様な形で存在していた。戦後は、日本の戦前の植民地政策とかかわる、在日朝鮮人などのオールドカマーと呼ばれる人びとを対象とするものが多数を占めるようになった。

一九九〇年代以降は、改正入管法(出入国管理及び難民認定法)の施行(一九九〇年)にともなって、国内の労働力不足を補うべく来日した外国人の子どもたちへと対象が広がった。日本の公教育の対象とされない学齢期の子どもたちの教育ニーズを受け止める教育機関として、九〇年代にはブラジル学校などが次々に開設されたが、リーマンショックで多くの日系中南米出身者が失職して帰国し、多くが閉校(「消滅」)に追い込まれた。激減したブラジル学校では、帰国を前提とした教育だけではなく、日本の大学や第三国の大学への進学を目指す生徒も出始め、そのニーズに応えるため新たな取り組みがはじまっている(ヨシイ「在日ブラジル学校の高校生の「穴埋め」型進路形成」)。

上記の学校とは出自を異にするインターナショナル・スクール(IS)の新設もまた、グローバル化の進行によるものである。ＩＳは、日本においては法令上の定義や規定はないが、「民族や国籍を問わず外国籍の子どもたちを主な対象とした教育内容をとり、国際共通語（主に英語）を授業言語とする学校」（朴三石『外国人学校』）とされる。福田誠治によると、そのルーツは、本国を離れて国際機関などで勤務することになった家庭の子どもたちの教育を行う機関であり、戦後は西側の政治エリートを旧植民地の国々も含めて各国から選抜して養成する機関として発展したものとされている。こんにち国境も文化も越えて拡張するグローバルな経済競争が進む中で、日本人児童生徒の入学を念頭に置いたＩＳも新設されている。

グローバル化への対応という意味では、欧州仕様の国際標準カリキュラムである国際バカロレア（ＩＢ）の動向もある。ＩＢとは、一九六八年にスイスで設立された非営利団体の国際バカロレア機構によって運営されている教育プログラムである。世界のさまざまな大学に円滑に入学できるよう共通の大学入学資格および明確な成績証明書を与えることをめざしたもので、一九九〇年代に国際バカロレア・カリキュラムとして全体像が整えられた。民族学校でもＩＢを用いているインド系学校（ＩＩＳＪとＧＩＩＳ）も存在する（杉本ほか「日本におけるインド系学校の役割」）など、多様化が進む。

こうした日本にある外国人を対象とした学校（教育施設）の学校教育法上の地位は様々である。

一部は一条校の認可を得ているが、多くは各種学校であり、施設などの条件を満たせず無認可の学校もある。日本の学校で学ぶ子どもたちと外国人学校で学ぶ子どもたちとの間に、大学入学資格や「学びの保障」のための支援策などの政策において不平等が存在し、国際人権条約における子どもの学ぶ権利が国籍や民族によって差別されない条項に抵触すると批判を生んでいる。さらに、法的地位の相違で学校保健安全法が適用されず、子どもたちの健康や命が平等に扱われていないことへの問題性も指摘されている。

外国人学校間でも著しい格差が存在し、朝鮮学校研究者の呉永鎬は、外国人学校をめぐっては、日本人と外国人とを分かつ「国民の境界線」と同時に、高校無償化などで朝鮮学校が排除されたことにみられるように、日本政府と当該国との関係を反映した「国家の境界線」が幾重にも引かれているとし、欧米系の学校およびインターナショナル・スクールを頂点、朝鮮学校を底辺として、序列化されている外国人学校の状況を指摘している。

三　公教育の境界の拡大／融解

公教育の範囲の拡大によって教育機関どうしの境界線があいまいになり、同時に民間教育事業、教育産業の参入が活発化している。

「不就学の権利」をめぐって

六−三制の修正のみならず、学校のあり方自体も問われている。

教育を受ける権利とそれにともなう教育の機会均等の原理に基づく就学機会の確保がさまざまなかたちで進められ、経済的・文化的要因での不登校は減少の一途をたどったが、一九七〇年代の中盤以降、学校不適応による不登校の子どもが増加に転じる。子どもと学校制度との乖離が進み、教育の権利を保障することと学校制度を充実させることが直接には結びつかなくなった。

就学の価値を当然のものとして登校を促すという当初の指導は、一九九〇年代には柔軟な取り組みへと変化していく。すなわち、すでに第四章でみたように、保健室登校、図書室登校や、オルタナティブの教育の場としてフリースクールの社会的な認知が進んだ。また、学校内でのサポート体制として、スクールカウンセラー、スクールソーシャルワーカーが配置されている。

二〇〇七年に前述の特区制度を利用して不登校の子どもたちのためのフリースクールから生まれた私立中学校の設置が認可されるなど、公教育自体の概念が広がっている。こうしたオルタナティブの教育の場の展開は、子どもの教育の権利を保障するために、「不就学の権利」ともいえる要求を生み出した。一体化していた教育の権利と就学の権利が、相対化される状況となったのである。

さらに、二〇〇一年には、東京シューレの設立者である奥地圭子を代表とし発足するNPO法人フリースクール全国ネットワークによって「(仮称)オルタナティブ教育法骨子案」(二〇一〇年四月)が発表され、さらに多様なオルタナティブ教育を実践する個人や団体へと拡大して「子どもの多様な学びの機会を保障する法律」を求める運動が組織された。「学校に通わせる義務＝就学義務」ではなく、「教育を受けさせる義務＝教育義務」を義務教育の根本とし、「学校外の学び」の新たな法制度が求められた。既存の学校に通う以外の、フリースクールやシュタイナー教育、外国人学校、インターナショナル・スクール、ホームエデュケーションなど、オルタナティブな教育の場の保障が求められたのである。

その後の議論は、個別学習計画の作成と教育委員会の承認をもって、民間施設などでの教育活動を公教育に位置づけようとする、条件付きの教育義務型の制度を想定したものに移っていく(「義務教育の段階における普通教育の多様な機会の確保等に関する法律案(通称不登校対策法案)」二〇一五年九月)。個別学習計画は、学校教育法における義務教育の目標を踏まえ保護者に報告を求めるものであったが、この法案に対しては、家庭を唯一の居場所にする子どもに教育委員会が直接介入して学習活動を求める「家庭の学校化」への危惧や、不登校の助長、学校教育の形骸化への懸念といった幅広いリスクが表明された。さらに不登校関係者内部でもその賛否が分かれるなど議論を呼ぶことになり、二〇一五年国会への上程は見送られた。

教育機会確保法の成立

最終的には個別学習計画とそれに伴う就学義務の規定は導入されず、二〇一六年一二月に「義務教育の段階における普通教育に相当する教育の機会の確保等に関する法律」(教育機会確保法)が、以下のような内容で成立した。

「特別の教育課程に基づく教育を行う学校」として不登校特例校が位置づけられ(第一〇条)、フリースクールについては学習活動の状況を継続的に把握する対象とされ、(引き続き)学校制度の外部に位置づけられた(第一二条)。不登校児童生徒の「学校以外の場において行う多様で適切な学習活動」「保護者に対する必要な情報の提供、助言その他」の支援が重視され、「休養の必要性」が認定された(第一三条)。また学齢期を経過したが十分な就学機会を与えられなかったものについては、地方公共団体によって公立夜間中学への就学の機会の提供等の支援を行うことが示された（第一四条）。

成立した教育機会確保法やそれに至る過程でおこなわれた議論には、子どもは権利をもつ主体であるという前提がある。それは、成長の過程で必要な保護や配慮を掲げている子どもの権利条約が根拠となっている。本法では、当初提起された学校以外の義務教育の場の創出にまでは及ばなかったが、その成立過程において、学校教育法並びに戦後の教育法制の基盤である就学義務自体が、不登校のみならず多様な教育を公教育の対象とした点に、戦後の学校史上の一つの画期が認められる。さらに、「全ての児童生徒が豊かな学校生活を送り、安心して教育を受けられる」学校の環境の確保（第三条）という基本理念が掲げられており、一条校の教育保障の見直しや学校のあり方を問い直す重要な里程標《マイルストーン》ともなっている。

公教育と民間教育事業

戦後の公教育は、「一条校」を中核にした学校システムで出発した。しかし実際には、学校外の私教育に対して一条校の補完機能が求められたのであり、また、子どもや家族からの進学要求の受け皿としても期待され続けてきた。

学校化社会成立の前夜である一九六〇年代を迎える時期に、私教育による補完と受け皿の二つの機能が、時には深い関係をもって活性化する。

一九五四年に小学生対象の中学受験準備の「日曜テスト」を開始していた四谷大塚は、六〇年には「予習シリーズ」の刊行をはじめた。六〇年代から七〇年代初頭にかけて模擬試験や通信添削事業を全国的に展開する福武書店（現、ベネッセ）は、一九六二年から模擬試験を実施した。「東大受験」をターゲットとした通信添削の増進会出版社（現、Ｚ会）は、一九五〇年代後半から六〇年代に急激に合格者数を増やし拡張した。また同時期、学力検査、学校用教材や教具の販売を行う教材会社が学校と関係を深める。その一つである五〇年創業の「日本標準」は、五七年には全国販売網をもち株式会社化する。

さらに、先述した「幼き受験生たち」で放映されたように、社会の中で存在感を持つようになっていた学習塾の広がりがある。その一端が、森絵都の長編小説『みかづき』の叙述からうかがえる。一九六〇年代に日本初の大規模住宅団地の八千代台団地が造営された千葉県八千代町（当時）に夫婦で補習塾を開業し近隣から多くの塾生を集めるが、補習と進学との間で葛藤と路線の対立を経て、一九七〇年代に大手流通業界の店舗の出店が相次ぐ津田沼駅近くに場所を移し、「津田沼戦争」と呼ばれた戦いを繰り広げながら有力な進学塾へと姿を変えていった過程が描かれている。

一九七〇年代後半には新聞社がこぞって「乱塾時代」を伝え、旧文部省が学習塾に関しての初の全国調査を実施した。さらに、八五年の継続調査を経て「学校における学習指導の充実等について」を通知し、「児童生徒の学習塾通いの問題が、児童生徒の健全育成及び学校教育に対する信頼にかかわる重大な問題である」とした。旧文部省は初めて公に学習塾を批判し、通塾率増加は学校学習に弊害をもたらす社会問題との認識を示したのである（高嶋真之「戦後日本の学習塾をめぐる教育政策の変容」）。このように一九九〇年代前半まで、旧文部省は明確に学習塾を好ましくない存在として位置づけている。

経済産業省の参画

学習塾への否定的な旧文部省の対応といわば並行する形で、一九八〇年代後半以降は臨教審を経て民間教育事業の位置づけが大きく変化する。旧文部省内に民間教育事業担当部局として生涯学習局が設置され、一九九〇年に生涯学習振興法が新たに成立し、生涯学習審議会を中心に民間教育事業の活用の議論が進められた。

一九九九年には文部大臣の諮問機関である生涯学習審議会がこれまでの方針を転換し、学習塾の存在と役割をはじめて容認して学校教育と学習塾を共存させる指針を示した。その後、二〇〇二年の通知（「完全学校週五日制の実施について」）で過度の通塾や事業拡大の自粛が求められて以降は、公には学習塾への批判は姿を消す。文科省は「土曜授業」で学校と学習塾の連携を後押しするなど、学習塾に対しても、学校とは異なる多様な学習経験の機会を学校外で提供するという社会教育的な役割を求めた。

この頃になると、学校にとっても学習塾の存在が普通のことと受けとめられるようになるが、それにとどまらず、学校や自治体と学習塾（予備校）が連携し、公立学校に参入していった。二〇〇八年に初の民間人校長であった藤原和博が、東京の杉並区立和田中学校で学習塾を導入した「夜スペシャル」は象徴的な取り組みであった。さらに、東京において高校と予備校との連携が進み、予備校講師が都立高校で授業することも許容されるようになった。

二〇一〇年代にはＩＴ産業と教育産業が結びついて教育のＤＸ（デジタルトランスフォーメーション）を進める方向性が示され、省庁の枠を超えて教育産業の公教育へのドラスティックな参入がはじまっていく。これまで教育に格段の関与があったとはいえない経済産業省の参画は特徴的な動きであろう。経産省では、二〇一六年に「教育産業室」が設置され、一八年には文科省と共同で「「未来の教室」とEdTech研究会」を発足させるなど、教育領域に積極的に参入を始めた。

二〇一九年に文科省が提唱した全国の児童生徒一人に一台の端末機器と高速ネットワークを整備しようとする「ＧＩＧＡスクール構想」について、経産省、総務省などが推進に協力した。コロナ禍によって日本の教育分野のデジタル化の遅れが顕在化したこともあって、構想の実施を前倒ししながら整備が進められた(二一年度までに整備を完了)。

この展開は、旧文部省が公教育を教育産業から擁護してきた政策から、教育産業の受け入れへと転換するものであり、公教育と教育産業さらに産業界の間に存在していた境界線が、次第に取り払われているともいえる。この展開について教育学者の佐藤学は、ＩＴ産業と教育産業のグローバルネットワークのもとに国内の関連企業が組み込まれ、日本の公教育を席巻する可能性があると危惧を示している。

四　デジタル化のインパクト——オンラインの導入

公教育の拡大と境界線の引き直しは、教育のデジタル化への対応に止まらず、二一世紀に入りより明確になっていく。地域と学校とが各々の存続のため連携を強化する取り組みや、異文化・多文化教育に注目する取り組みも見られる。その背景には、デジタル化社会への本格的な移行、人口減少社会への転換、グローバル化による多文化社会の形成という、社会変動の顕在化がある。

「はじめに」で触れたように、デジタル・情報革命への政策的対応として、「サイバー空間（仮想空間）とフィジカル空間（現実空間）を高度に融合させたシステム」Society 5.0が示された。デジタル化社会の進展による学校教育へのインパクトははかり知れない。

デジタル化技術は、単なる技術の問題ではなく、人間の行動様式や社会制度を望ましい方向へと促そうとするDXの文脈でとらえられている。こんにち、その教育版とも言える「教育のDX」への対応が学校の課題として注目されている。前節で触れた「未来の教室」プランは、この動きが背景にある。

図5-2　タブレットによる授業（愛知県）
写真提供）朝日新聞社

経産省では、二〇一八年から民間教育サービスと連携して「未来の教室」実証実験を進め、その成果に基づいて、一人一台の端末を持つ環境を整備してきた（図5-2）。

「学びの自律化・個別最適化」を掲げ、学習ログの分析をもとにした「自律的に自分に適したEdTech教材や指導者や学習場所を組み合わせ」て学習指導要領の資質・能力を身につけることを目指す。

「学習者がプログラムを選び、自分に合う先生」も選ぶとし、「教科学習」の「短時間で効率化された学び方」を可能にするために、「学力」「教科」「学年」「時間数」「単位」「卒業」などの日本の学校の基盤となっていた概念を見直し(「希釈化」)個別最適化する。「先生」の役割についても教える先生、「思考の補助線」を引く先生、寄り添う先生など多様化することで、子どもの学びの自由度を増すことが示されている。

そこでは、教授学習活動にかかわる要素のすべてが、個々に応じて機能的に働くようにデジタルテクノロジーによって「個別化」され、それを適切に組み合わせて最適化を図ろうとする構図が読み取れる。

文科省の動きは、二〇二一年の中教審答申「『令和の日本型学校教育』の構築を目指して」からうかがえる。答申には、二〇二〇年代を迎えた学校制度の方向性として、これまでの「生活指導等、給食や課外活動などを通じた全人教育」を重視し、知・徳・体を一体に育んできた「日本型学校教育」のよさを受け継ぎつつ、ICTを基盤とした「個別最適な学び」と「協働的な学び」を育む教育が示されている。

デジタル化社会への対応を課題としている点は「未来の教室」と同様であるが、「教育ビッグデータ」の活用を強調した「個別最適化された学び」(未来の学校)に対して、文科省は意識して「個別最適な学び」という独自の用語を用いている。これはAIドリルなどによる知識・技能の自由進度学習をイメージした用語で、目的が学習の効率化や機械化に陥らないような配慮とみることもできる(石井英真『教育「変革」の時代の羅針盤』)。

とはいえ、「生産性革命の実現と拡大」(内閣府二〇一八)という経済価値のもと、グローバル経済の担い手の養成を強く想定する枠組みの外にあるものではない。「生産性革命の実現と拡大」は、グローバル競争に立ち向かうための産業構造の変化を見越し、経済界からのイノベーションによる産業技術の強化の要請をうけたものであり、単なるICTの活用や人間の作業の置き換えにとどまらず、人間の行動様式や社会制度の変革まで意識しているといえよう。

新しいテクノロジーへの対応は、教育や学校のあり方を揺する大きな課題である。第六期科学技術基本計画(二〇二一～二五年度)において、総合科学技術・イノベーション会議(CSTI)の下に設けられた教育・人材育成ワーキンググループが「Society 5.0 の実現に向けた教育・人材育成に関する政策パッケージ」(二〇二二年六月)を示した。オールジャパンとして「社会構造

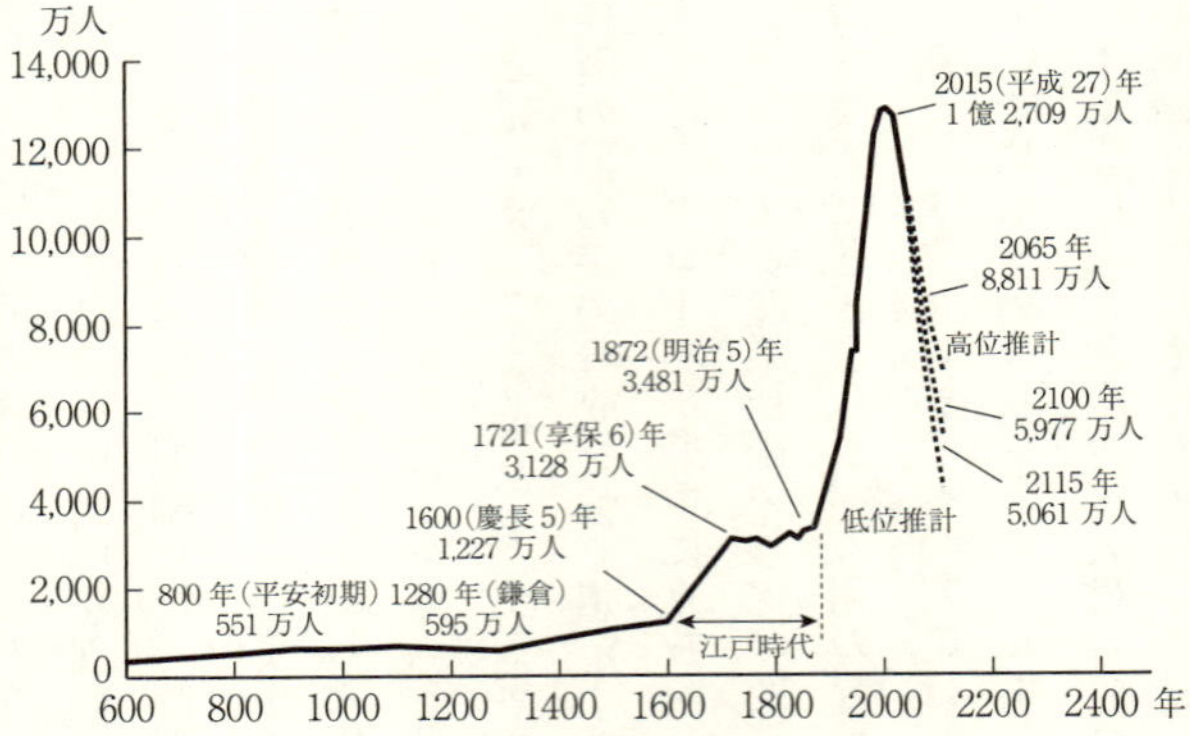

図 5-3　日本人口の歴史的推移

出所）『日本の人口動向とこれからの社会』

の変化を踏まえた、社会全体としての学びを支える環境構築」に取り組むことが求められたといえる。

五　人口減少社会の地域と学校

図5-3から、近代以降急激に増加してきた人口が、二一世紀に入って急降下する入口にあることがわかる。ここでは日本社会の人口変動を対象としているが、世界的にみても今世紀の後半の中頃には減少期にはいり、日本と同様な少子高齢化、人口減少社会に移行していくとされている（原俊彦『サピエンス減少』）。その意味で日本社会は、人類史上の転換点のフロントランナーであり、新しい課題に最前線で向きあっていくことが予想される。

人口減少によって引き起こされる少子高齢化は、

地域や学校に多大な影響を及ぼす。二〇〇九年前後には日本全体で人口減少がはじまったが、地方創生会議(二〇一四年)、人口戦略会議(二〇二四年)と二度にわたって「地方消滅」が流布されるなど、地域差をともなった人口減少問題として受け止められ、地域コミュニティのあり方が模索されるようになってきている。

急激に進んでいる学校の統廃合は地域と学校の関係の基盤を揺るがす問題である。地域の側も存続のために学校が欠かせないものであるという自覚を高め、学校と地域の協働関係や連携が政策的な課題となっている。

高度成長以降の地域と学校をめぐる政策動向

学校と地域の課題への対応として、生涯学習推進の動きはすでにみられていた。高度成長期に学校と地域社会との関係が弱まっていたのに対し、一九八六年の臨時教育審議会答申(第二次答申)による「生涯学習体系への移行」の提言では、学校と家庭や地域社会との連携を教育改革の柱としている。学校教育偏重の弊害の打破が指摘され、学校と地域の相互の役割と責任の分担が求められたのである。

一九九〇年代後半以降には、行財政改革、規制緩和と地方分権改革を背景として、中教審答申「今後の地方教育行政の在り方について」(一九九八年)によって、学校裁量権限の拡大などとともに「地域住民の学校運営への参画」が提言された。二〇〇四年には、保護者や地域住民が一定の権限と責任を持って学校運営に関わる仕組みとして、学校運営協議会制度が出発する。学校運営協議会を設置した学校は、二〇〇〇年一二月の教育改革国民会議が提言した「地域独自のニーズに基づき、地域が運営に参画する新しいタイプの学校(コミュニティ・スクール)」として議論の俎上に載せられ、増加が図られたものである。コミュニティ・スクールは、二〇一七年に努力義務化され、より拡大することになった。

学校、家庭、地域をつなぐ役割を果たす拠点として期待されていたコミュニティ・スクールであったが、地域住民のさまざまな意向やニーズを反映させる形で学校を開くという当初の考え方は後退し、住民が学校に賛同、協力する形での運営を目指す傾向を強めた点が指摘されている(柴田聡史「学校教育の担い手としての保護者・住民」)。

他方、二〇〇八年度から文科省は、地域の幅広い住民や団体等の参画を得て学校を支える「学校支援地域本部」事業を出発させている。個別の学校支援の組織化ともいえるこの事業は、学校と地域の双方向の連携や協働を促すことになった。地域全体で子どもの成長を支援する「地域とともにある学校」への転換が目指され、さらに、「学校を核とした地域づくり」の推進が図られていく(中教審答申「新しい時代の教育や地方創生の実現に向けた学校と地域の連携・協働の在り方と今後の推進方策について」二〇一五年)。

様々な地域学校協働活動の促進は、内閣府を中心とした「まち・ひと・しごと創生総合戦略」に則った地域活性化という政策課題への対応といえる。高齢化と若者の流出が同時に起きている地域衰退の状況下で、学校は、教育の場を超えて地域の未来を支える場として、地域全体の活性化に貢献する重要な拠点とされている。地域にとってはその存続への、学校にとっては統廃合への危機感の上に両者が関係を構築しようとしている点に特徴がある。

離島・中山間地域高校での取り組み

地域学校協働活動は、高校においても取り組まれている。離島・中山間地域の高校は、県立が多く市区町村の管轄外であり、小中学校に比して地域との関係が取りにくいという状況におかれたまま、深刻な入学者減少に直面している。

これらの地域と学校は、二〇〇〇年代に入り存続をかけた取り組みを展開する。その代表的なものが島根県隠岐郡海士《あま》町の「隠岐島前高校魅力化プロジェクト」である。「このままでは、島が無人島になってしまう」(町長・山内道雄)という強い危機感から立ち上がったプロジェクトを基盤に、同県は、地域と学校が連携・協働し、「地域の特色を生かした教育」として魅力化・活性化事業を推進している(山内ほか『未来を変えた島の学校』)。

同じ時期に、全国各地でも様々な取り組みがなされ、「地域系高校」という呼ばれ方も生まれている。その一つである兵庫県立村岡高等学校は、第三章で触れた東井義雄の北但馬と近接する北但の香美町にあり、少子化が進み定員割れが続いたことから学校存続への請願を一九九〇年代末からおこなってきた。同校では、危機意識をばねに高校教育の現場から地域住民や香美町などの自治体を巻き込みながら、学校設定教科「地域探究」を設け、学校を「地域づくりの拠点」として生徒が住民とともに地域の課題解決に取り組む「地域を育てる学力」の実践を組織してきた。立ち上げが学校現場からであったことは、「村を育てる学力」と共通している。一方で、政策的な支援や「探究」の学習の評価が大学進学にも道を開くなどの制度的な支えがあり、それによって継続的な活動が可能になっている点は、一九五〇年代後半と事情を異にしている。

二〇二二年度からは普通科改革が進み、「地域社会に関する教科」の導入が始まったが、今後地域系高校を越えて広がりをみせるか注目される。

六　教育のグローバル化と学校

グローバル化の中の日本社会

あらゆるものの移動・変化が国や社会を超えて行われ世界全体が一体となっていくグローバル化のなかで、異なる人種や民族の文化を認め合い共存しようとする多文化社会形成への対応は欠かせない課題である。少子高齢化が急激に進行する日本社会では、労働力確保の必要からこの課題がよりリアルになっている。

二一世紀の四半期を迎えようとするこんにち、実質的な移民受け入れ容認への政策転換の動向がみられる。二〇一九年に創設された特定技能制度は、労働者として外国人の受け入れを認める新たな在留資格であり、さらに二〇二七年六月までに施行が予定されている育成就労制度は、これまでの「実習」に代わり「人材育成・確保」を目的として、人手不足の分野で即戦力となる特定技能水準の人材の長期就労を促すものである。これらの動きは、「移民」を認めてこなかった国策から「多民社会」(多民族化・多文化化した社会)へと舵を切ったもので、異なる文化的背景を持つ人びとが広く日本社会の一員となっていく転換期を予測させる。

しかし、すでに触れたように、いまだに外国人は日本の公教育の対象外で、就学実態が把握されないまま実質的に放置された状況にある。二〇一九年に「外国人」の就学状況に関する政府調査が行われ、約二万人の「外国人」の子どもが就学していない可能性が示された（「外国人児童生徒等の教育の充実に関する有識者会議」二〇二〇年三月）。外国人児童生徒は、学齢超過者が多く状況も多様であり、「日本語指導が必要な児童生徒」の支援や高校の入試の「外国人枠」が限定されていることなど、現状だけでも課題が山積している。

日本の教育へのインパクトと対応

第四章で触れた二〇〇三年のＰＩＳＡショックは、グローバル化による教育へのインパクトを代表するもので、先進諸国の教育に大きな影響を与えた。日本においても、学力観が大きく問い直され、「学力かゆとりか」という路線の対立が、コンピテンシー論に置き換えられた。ただし実態は、全国学力・学習状況調査の結果が国際的な能力論と国内的な学力の枠組みとの二つの方向で受け止められ、のちにみるように、さまざまな内容がカリキュラムに盛り込まれることになった。

これに限らずグローバル化は、これまでの国民形成を前提とする国民教育の見直しを促している。国際語とされる英語教育への関心が高まる一方、これまで自明とされてきた学校のあり方が「日本型学校教育」として注目されている。日本の校内研修の方法である授業研究(Lesson Study)が海外へ発信され、また官民協働の「日本型教育の海外展開事業」(EDU-Port ニッポン)として、全人教育を理念とした、学級会、掃除、日直など教科外活動(TOKKATSU)のノウハウが「輸出」されている。

ただし、諸外国へ提示する際には、学級集団のあり方やそれに起因する病理の存在に自覚的でなければならない。〝みんな一緒になかよく協力して〟活動することが前提となるような、同質性を重視した隠れたカリキュラムともいえる学校の文化など、日本の教育の独自性が制度、慣習、実践にわたって問い直されている現状への理解は欠かせないであろう。

国民教育の問い直し

学校は、長らく国民教育の枠の中で構成されてきた。国民教育は、国民の枠組みとして階級、職業、性差、地域差などを構成し直したものである。多様な生活文化の中から次世代の国民に継承すべき国民文化が選ばれ、必修教科はその核となる。

しかし、国家の枠を超えるグローバル化によって、これまでの必修教科が再検討される可能性がある。「日本の学校」形成期にみたように、道徳、歴史、言語は国民教育の中核であり、なかでも「国語」は土台にあたるが、これも検討の例外ではない。

多文化社会の進行が教科（教えること）を問い直す可能性について、新井紀子は、「多様な背景の生徒に対して、学習に必要となる英語を体系的・段階的に身につけさせるカリキュラムの研究」が盛んなアメリカと比較して、同質性が高い日本においては「学習スキルとして国語を身につけさせる体系的カリキュラムを編む発想が極めて乏しかった」点を指摘している（「読めない子どもたち　犯人はＩＣＴじゃない、大人だ」朝日新聞、二〇二〇年一月一〇日付）。

国語だけでなく、既定の教育の内容が、多文化化した社会では通用しないことが多々ある点や、そもそも子どもの教育保障に有効だったのかが問い直されている。

「読解力」と訳されることの多い「リーディング・リテラシー」は、ＯＥＣＤの定義では、「目標を達成し、自らの知識と可能性を発達させ、効果的に社会に参加するために、書かれたテキストを理解し、利用し、熟考する能力」（ＯＥＣＤ　二〇〇二）とされる。読み取るだけではなく、それをもとに自分の意見を述べ、社会参加の行動に結びつけることを指している。

日本では、言語としての「日本語」ではなく「国語」として学ぶが、こうした点を踏まえて、「能力」という観点から「日本語」を用いる言語活動を検討することが課題となっている。例えば、一九六〇年代の明星《みょうじょう》学園を舞台に作成された「にっぽんご」シリーズ(七巻)は、学校文法を基盤とすることなく、言語学や文法研究などをもとにしたものであった。ただし、「国語」は日本人としての思考や精神と深くつながり、国民の人間形成に重要であるという当時の理解もあり、この実践が多数派になることはなかった。

しかし、国外に移住している日本人や日本居住の国外出身者の加速的な増加が進むこんにちでは、「国語」という呼称は混乱をきたす可能性もある。さらに、「理科」がなぜ「科学」(サイエンス)ではないのかなど、グローバル化は、教える枠組みや内容のドメスティックな性格と向かいあう大きな契機となるであろう。

七　教育課程編成への反映

二〇一七/一八年の学習指導要領の改訂で「資質・能力の三つの柱」(知識・技能、思考力・判断力・表現力、人間性・学びに向かう力)が据えられた。「資質・能力」は広義の能力を意味するものであり、英語のコンピテンシーにあたる。DeSeCoプロジェクトにおいて、特定の文脈での複雑な要求に対して、知識やスキル、態度などの内的なリソースを結集してうまく対応する能力、として定義されている。

これまでは、過去の文化財をもとに構成された学力によって人間形成を図っていたのに対し、コンピテンシーは、(望ましい)未来の状態を想定し、今何を身につけるかを定めるという手法をとっており、新しい人間形成の枠組みを提示している。「資質・能力」は日本におけるコンピテンシーの受け止めともいえるが、能力の序列化や特定の考え方や振る舞いを強制する可能性が指摘されている(松下佳代「〈つながる・はたらく・おさめる〉の教育目標」)。

戦後のカリキュラムの枠組みの変遷(図3-1)を経て、二一世紀を迎えて教育課程にも変化の動向がうかがえる。ここではコンピテンシー(資質・能力)の影響を受けたカリキュラム改革の特徴的な内容に触れておきたい。

高校普通科の再編とカリキュラム改革

高校教育では、二〇二二年に普通科に「普通科以外の普通教育を主とする学科」として「学際領域に関する学科」、「地域社会に関する学科」が新設された。高校生の七割が在籍する高校普通科を一九四八年の発足時以来再編したものである。これにともなって「未来共創科」や「地域探究科」が生まれた。あわせて、これまでの科目の半数近くが新設または内容を見直し、以下のように普通科カリキュラム改革が行われた。

一つは、高校教育への「総合的な探究の時間」の導入である。従来の「総合的な学習の時間」は、「総合的な学習を通して課題解決能力や主体的な学びを育む」ことを目指すのに対して、「探究」の時間では、「自己の在り方生き方を考えながら、よりよく課題を発見し解決していく」ように、生徒自身がより主体的に学習することが求められている。

また、選挙権が一八歳以上に引き下げられたことを踏まえて、公民では、「現代社会」にかわって、自立した市民の育成や高校段階の道徳教育の要素も含んだ「公共」が新設された。またさらに、地理歴史では、「地理総合」が必修となる一方、「世界史」が必修科目から外れ、近代の日本と世界の関係について学ぶ「歴史総合」や、数学的な考え方と理科的な考え方を組み合わせて課題を解決する「理数探究」が設けられた。

さらに、すべての科目において主体的な学びを実現するため、知識の獲得だけでなく、知識を用いた議論や課題解決を図るアクティブラーニングなどの手法を取り入れることが求められている。

このように、教科横断的な探究力を養い、実社会・実生活の諸活動に必要な能力の育成が目指されたものである。

義務教育への「特別の教科道徳」の設置

「特別の教科道徳」は、二〇一五年の学校教育法施行規則の改正により導入された。これまで「領域」であった道徳が教科化されたのである。

教科を構成する条件は、教科書の存在、教科の専門免許状、学習達成の評価であるが、この「特別の教科道徳」には教科の免許状がなく、子どもの日常の様子を知る学級担任が全ての教育活動を通じて行うことが求められ、段階評定(点数評価)は行わない。このように、他の教科とは異なる扱いになっており、教科の境界線を広げながら位置づけたことがわかる。

道徳の教科化に対しては、子どもの内面統制や管理につながる危惧が各界から示され、文科省は慎重であり続けてきた経緯があった。にもかかわらず、この時期に教科化が図られた直接的な契機として、教育再生実行会議が二〇一三年度にいじめ問題に対する提言をまとめ、道徳教育の充実を求めたことがあった。

さらに、改正教育基本法に「伝統と文化の尊重、国や郷土を愛する態度」の育成条項が定められたように、グローバル化に対応して国民国家の枠組みや規範が課題となっている状況がある。

小学校への英語教育の導入

グローバル化への対応の動きをより如実に示したのが、小学校への外国語教育の導入であった。

小学校の外国語教育（小学校英語の導入）については、一九八六年の臨時教育審議会「教育改革に関する第二次答申」以来議論が重ねられてきた。総合学習の一環として英語活動が導入されたことからはじまり（二〇〇二年施行）、二〇一一年度から小学校高学年を対象に英語に親しむことを目的とした週一回の「外国語活動」が実施されることになった。二〇二〇年度からは、それを小学校中学年に移行し、高学年で正式に「英語」が教科として週二回実施されるようになった。小学校英語の教科化、早期化は二〇一三年六月の第二期教育振興基本計画策定で示されており、それが実現したことになる。

小学校英語の導入を歴史的・社会的な視点をもって検討してきた寺沢拓敬は、この決定は二カ月前に示された中教審答申にはなかったものであり、財界人の影響力のもと官邸主導で提案され、熟議不足で決定されたと指摘している。また、グローバル化に対応するための数ある課題のなかで、他より優先して小学校英語を導入する根拠が示しえていないとする。

早くから他の言語(英語)に触れさせたいという願望は尊重されねばならないが、英語の小学校への導入にあたっては、教科か総合学習か、コミュニケーション能力の育成か国際理解教育かなど、骨組み自体や、小学校英語をとりまく社会的条件、担い手の教師のあり方など、具体的な運用のレベルまで複雑な課題を有しており、難題を生み出す構造がある。

小学校への英語教育の導入をめぐって、共通の内容を定めるにあたっての手続きのあり方が改めて問われている。その際に教育指導・方法論や内容論の枠を越え、教育制度・政策論という広い視野をもった議論の必要性が示唆されている。

八　「教える」ことの岐路

主体化への働きかけ

最後に、公教育を担う学校の役割や責任という観点から、学校教育の支柱である、教えるという文化伝達の動向をみたい。

学校は、子どもを主体化し、主体化された成員によって社会を維持、発展させることで、個(子ども)と社会をつなげている。社会の要請が強い場合、子どもが主体化するための働きかけが抑制され、社会への従属にも繋がりかねず、この点が問題となる。
社会とは異質な人びととの共同の場であるが、ＡＩテクノロジーによって徹底した個別最適化が可能となったとき、個人が快適に生活できるとするなら、社会を前提とする公教育による子どもの主体化は必要かという問いが生じうる。ひいては、皆がデータ駆動型社会の構築を担う能力をもつ必要はなく、多くの人はデータを使いこなせるスキルをもつ、よりよい客体である方がよい、という思考を生み出しかねない。

本書で見てきたコンピテンシーも、激しく流動する不安定な未来の社会に適応するための能力形成を主眼としている。ＯＥＣＤが提唱し現代のトレンドともなっている、コンピテンシーの能力概念に基づく教育（学習）論は、教育の枠組みの転換を含み、日本の教育論や教育政策にも大きな影響を与えている。

大きな転換点は、何を教えたかではなく、最終的に何を学んだかに教育の枠組みを移行させている点である。その背景には、多様化した社会で子どもに教えるべきことを見定めるのが困難になっており、社会に適応できる能力を高めるためには、教えることより、子どもの学びを支えるためのファシリテーション（学びの支援）が求められている状況がある。

これに対して、教育学者Ｇ・ビースタは「教育の学習化 learnification」であると批判し、むしろ学習することで、社会に適応する行為をいったん「中断」させることを提唱する。子どもが持っている世界像を広げたり深めたりすることなく、現実の社会をうまく生きるための力を養うだけでは、社会への自発的な従属を促すことになる。社会の一員になるための知識、態度やスキルの養成との連関を中断することを通した「主体化(subjectification)」(多様な世界への参入)への働きかけが、教育の役割であるととらえている。適応(従属)による人間の客体化が現実味をおびる中で、ビースタの警鐘は重要であろう。

「教える」行為を問い直す

さらに公教育機関である学校が果たすべき課題として、すべての人に社会を生きるうえで共有すべき内容の修得を図ることがある。そのために築かれる「教える―学ぶ」の関係は、柄谷行人が示すように、日常の「語る―聞く」の関係とは異なった、他者との非対称的なコミュニケーション関係を土台としている。他者(未知なる子ども)に何かを伝えようとする際に発現するこの関係は、他者の受け止めやそれに基づく反応によって大きく規制されるものである。

たとえば、この教えるという行為は、学校化社会の成立とともに受験競争の蔓延と教え込みが社会問題となった際に、教える=教師の権力の発動としてとらえられ、危惧と不信が分厚い形で蓄積されていった。

「教える―学ぶ」関係は、主体形成を他者の介入で行うというもので、そもそも矛盾を内包している。第三章で見た学力保障論は、子どもを学習権の主体としてとらえ、教師が社会の責任の代行者として保障する代行説を基につくりあげられた。住民と専門性を有する教師が協働して、子どもにとって必要とされる内容を作り、教えることで、公教育が社会の責任を果たすという構造となっている。

その後、公共社会の権利主体としての子どもをとらえる「子どもの権利条約」の精神や当事者主権の立場から、この代行説には疑義や批判が生まれ、子ども自身による権利実現過程への積極的な参加を促す参加説にいたっている（田中耕治『教育評価』）。

参加説の指摘は、代行説を新しい段階に移行させるという意味で重要であるが、非対称関係で教える行為の問題は形を変えて残る。このように、教える根拠について議論は尽くされていないが、ここでは次世代を育てる責任を負う公教育における教える行為の立脚点をどこに求めるかについて、責任ということに注目しておきたい。

こんにち、社会が教える内容を定める際に、ビッグデータから導き出された内容を普通教育の内容にすることが、リアリティをもって語られてきている。しかしこれでは、公教育の責任は行きつくところ、ＡＩによって定められた内容を所与のものとして確実に伝えるという「ルールに従う《コンプライアンス》」ことになってしまい、結果としてシステムとしての統治につながらないか。

中動態研究を通して責任の概念を深めてきた國分功一郎は、責任について、単に負わせたり負わされたりする帰責関係に限らず、人間のこれに「応えよう《レスポンシビリティ》」という応答の側面に注目している。

教える内容を子どもからの委託として定めるためには、こうした責任の概念が掘り下げられることは欠かせない。子どもたちの活発な発言を促し意見を整理していく支援《ファシリテーション》のみならず、教えなければならないものを教えることによって果たされる責任があるからである。生命にかかわる行為については好き嫌いを越えて介入が必要であるように、教えるという介入行為をしないことで失われる利益への視点は、責任を考える上で欠かせない。

ＧＡＦＡなどの巨大なプラットフォームが存在している現在、それらはひとつの公共の場をつくりあげており、国だけが公共性を専有するものではない状況にある。情報テクノロジーの進展が公共性の概念や担い手を拡大させるなかで、公教育のあり方や範囲、何を教えるかについての責任のあり方が改めて広く問われていくであろう。

終 章 「学校の世紀」を経て

一 「学校の世紀」としての二〇世紀

終章では、本書を振り返りながら学校の果たしてきた役割を確認し、視野を広げて、「学校の戦後史」を人間形成の歴史の中でおさえておきたい。

現代の日本の学校が、近代学校―「日本の学校」―戦後の学校という三層の上に成り立っており、それらの各層が揺らいだことで、こんにちの学校に動揺が生じているというのが本書のとらえ方である。

本章では、こんにちの学校の動揺は、二一世紀に入ってからの社会変動のインパクトが政策や実践レベルで自覚され浮き彫りになっていることを確認する。そのうえで、学校をとらえ直す重要な契機と「学校の世紀」の遺産について押さえたい。

第一章で述べたように、学校は文明期を迎えて成立するが、普通の人びとが学校の対象であり当事者となるのは近代に入ってからである。学校制度が定着し、人びとにとって学校が不可欠となった二〇世紀は特別な意味を持つ。人間形成を大きく変容させ、学校を前提にした社会を作り上げたという意味で、二〇世紀を「学校の世紀」と本書ではとらえておきたい。

日本に限らず、近代学校を生み出したイギリスをはじめとする欧州諸国において、学校制度が整うのはおおむね一九世紀後半であるが、意外かもしれないが日本も時をほぼ同じくしている。日本においては、近代学校教育制度の国家レベルでの制定(一八七二年)から義務教育を実質化した一九〇〇年の間に、学校制度の骨格が整えられた。

日本では、制度開始から半世紀で人びとは学校を受け入れ、次の半世紀が始まるまでに学校化社会を形成した。学校化社会とは、「学校がなくてはならないものとされ、誰にとっても当たり前のこととして受け入れられ、また学校を卒業することで認められる社会」、すなわち学校を自明とする社会であり、一九七〇年代中ごろに成立する。しかし、それが当たり前ではなくなり、動揺がはっきりするのは九〇年代になってからである。この間の、学制による日本の近代学校制度の出発の宣言から九〇年代に至るまでの〝長い二〇世紀〟を「学校の世紀」の期間としておさえておきたい(世界の動向の中での位置づけについては課題としておく)。

一九九〇年代には、社会主義国家の崩壊と新自由主義による市場システムの席巻という世界的状況の下で、企業社会を基盤とした日本型の循環社会がこれまでのように機能しづらくなっていた。「いい学校」を出ていても、いい社会的ポジションを得るとは限らなくなると同時に、学校という場やそこに通うことが自明ではなくなっていったのである。

学校の世紀を経て、一条校を中核とする単線型学校体系、普遍性を重視した共通な教育内容の一律の習得、就学義務による義務教育制度、学級担任制、さらに修得主義を建前としながら実際は履修主義が貫かれた進級制度など、戦後の学校の土台となっていた制度の見直しが迫られ、修正や廃止の議論が呼び起こされていく。それを促したのは、少子高齢化、多文化化、テクノロジー・情報革命などの社会変動の到来に、社会として正面から向き合う必要性の自覚が高まったことであった。コロナ禍への対応は、制度の見直しの触媒の役割を果たした。

二 学校に行くことの多義性

二〇二〇年、新型コロナウイルスが世界を席巻し、多くの国々で一斉に学校に通わないという経験を共有した。日本においては、首相の要請を受けて全国の小・中・高等学校および特別支援学校が三月から臨時休校となり、期間は数カ月に及んだ。

コロナ禍のもとで長期欠席者数が大きく増大した(図0-2)。そのなかで特に「不登校」者数が顕著で、二〇二三年度は、小学生は一三万三七〇人、中学生は二一万六一一二人にのぼっている(「児童生徒の問題行動・不登校等生徒指導上の諸課題に関する調査」)。

当然のことのように学校があるという日常が崩れ、「学校にいくとはどういうことか」と、日本のみならず世界の人びとが同時期に考えることになったわけである。オンラインなどいろいろなかたちで学ぶ選択肢があり、固有な時空間をもった確固たる場である学校の境界線が実は移動可能であるということなど、学校という枠組みの可能性がさまざまに開かれていることを予感した人も多かったのではないか。

日本においては、就学は、学校生活を営むことであり、その意義が認められてきた。学校(級)で生活するとは、極端にいえば仮に授業中寝ていても部活動や給食時間に起きていればよいという解釈が成り立つことでもある。これは、欧州の、たとえばフランスやドイツにはない判断、価値である。ここでは、園山大祐らの研究を参考に日本の学校の固有な性格をとらえておきたい。

社会(国家)による教育保障には、学校に行くことに義務教育を限定する義務就学と、学校に限らない教育義務という、異なる制度理念がある。フランスでは、教育義務が制度原理となっているが、基本的に修得主義でもあるため、出席日数より内容の修得が求められ、原級留置と飛び級制度があるのが一般的である。他方、児童手当に関わるため出席は厳格になる。病欠等の理由がない限り、無断欠席は、保護者の教育義務に反する行為として処罰の対象ともなり、手当が受けられなくなる。また学校側からみたときも、学習権のはく奪とならないよう、生徒を保健室や特別支援学級(適応指導教室)等にまかせることは慎重さを求められる。

ドイツの場合は、学級を学習共同体にしようという教育的な意図は存在するが、学級がしつけや道徳の単位として扱われているわけではない。在宅学習についても、まずは親の仕事との関係、感染拡大防止に学級閉鎖が貢献できるかどうかという点から判断され、そのうえで学習共同体をどう作るかが検討される。日本と大きく違うのは、(在宅勤務が大きく進んだ)親の労働環境や学校が引き受ける社会制度上の機能である(たとえば教師は親のニーズで児童が緊急保育学童にいる時間については全く関与しない)。

フランス、ドイツに共通しているのは、ケアの機能の拡大として、時間と場所を共有する学校の存在が見直されている点であるが、それは、日本において知・徳・体の統一の場として学校教育をとらえる思考とは異なる。

コロナ禍は、学校に行くということの意味が多義的であり、日本の学校には他国とは異なる独特なフィルターが存在することを多くの人に気づかせた。

学校に行かなくとも家やその他の場で代替が可能ではないかという気づきは、日本の学級のあり方を問い直す誘因ともなっている。西洋諸国との比較において、日本の学級は、子どもの抑圧の場として問題視され、克服の対象にもなっている。

一方で、日本社会では、利害関係や目的性を持たず誰もが経験する場は学級の他にはないだろう。こうした得がたい機会ともなる学級は、同化と包摂の文化環境の規制力の強い日本社会で成立し、「自《おのず》と治まる」場として構築されてきた歴史がある（佐藤秀夫「明治期における「学級」の成立過程」）。そこで培われてきた分かり合えることを前提とする関係の見直しが、こんにちの学級の課題となっている。なかよくすることを過度に重視するのではなく、教室空間を公共の場と位置づけ、例えば分かり合えなくともけんかは避けることを学ぶ空間としてとらえ直すことも、一つの方向性と考えられよう。

三 学校の役割再考

学校の世紀を経て、戦後の学校は転換点を迎えている。そのなかで、公教育としての学校（制度）の存在が深く問われる状況にある。

教育を権利としてとらえ機会均等を原則に出発した戦後の学校は、時々の課題を受け止めながらその守備範囲を広げて対応してきた。社会の要請との関係でみるなら、戦後の学校は、民主主義的な人間の形成から、経済的な能力の開発へと課題を移しながら、日本型の循環社会のなかに埋め込まれていった。一九九〇年代以降、循環の機能不全とグローバル化という新展開によって、職業のレリバンスの獲得と市民的公共性の形成が課題とされた。さらに、本書でみてきたように、子どもの居場所として機能しづらくなっている学級や、人口減少による存続の危機にある学校は、これからの社会にどのような役割を果たすことが求められていくのだろうか。

一九九〇年代以降、学校を対象として進む改革は、戦後の学校を支えてきた「平等」から「選択」へと価値の重心が移行し、急激に展開してきた。教育は「個人の利益への貢献」であり、そのニーズの受け皿としてさまざまな選択肢が準備されつつある。学校に行くこと自体の選択もそこには含まれる。

教育に対する意識の高まりによって、教育を選ぶ行為は一般化し、意思の有無にかかわらず自己責任として選択が迫られることになる。選択によって子どもの教育環境を確保できた者あるいは層が便益を得る反面、そうでない者が不利な立場におかれる状況がある。たとえば、経済的な理由や情報の不足などで、選択そのものが難しい層がかなり存在する。また、地方では、選択の範囲が限られるほか、深刻な少子化によって学校統廃合が進み生活の場から学校が失われている。

「選択」を価値とする学校制度改革は、「平等」を基盤的な価値としてきた戦後教育の理念に動揺をもたらしている。いうまでもなく、個人のよりよい教育の追求は当然であり重視されるものである。一方で、宮寺晃夫が指摘する、教育を社会の共有財として受け止める意識の希薄化に対しては、教育の公共財としての側面を再確認する必要がある。すなわち、教育を受ける権利は、人びとが同じ条件で利用し合う共有の財産であり、誰もが平等にアクセスできる体制を維持することは重要である。

新自由主義的な方針で進められてきた一九九〇年代以降の教育改革からは、学校やさまざまな学びの場を差異化しながら包摂しようとする動向がみてとれる。多元的な価値を重視する社会で、独自性や違いを尊重し、共通に保障しなければならないものを見極め、教育へのアクセスを平等に確保した学校制度の構築が課題となっている。

おわりに、学校の世紀の遺産ともいえる「共通の内容をみんなに保障」することを責務とする義務教育について、その困難と課題に触れておく。

義務教育については、「公共社会をよりよく生きていくための能力のうち、共通普遍で、基礎的な次元に属する部分をすべての子どもに保障する義務」を、その社会の大人や管理者としての国家・自治体が負うという中内敏夫の指摘(「「普通教育」再考」)があるが、共有する内容が普遍的であるかどうかの判断は難しく、普通教育の内容の選択はもともと容易ではない。社会の急速な変化が生み出す多様な教育要求のなかで、すべての人に共有を求めることは義務教育の困難さをより深めていくであろう。周辺や周縁の学校が叢生し拡大しているのは、こうした状況に対応する動きであり、多様な教育内容をどこまで認めるかは、大きな課題である。

さらに、個人的な学びの選好の重視が、必要とされるものを共有すること自体を忌避することにつながっている状況がある。また、共通の内容を規定して教え込むことが子どもの学ぶ力を減退させているというイメージが広く存在し、学校の公共性を抑圧ととらえる感覚の醸成にもつながっている。

日本の場合、共通の教育内容を抑圧的と感じるのは、それを成り立たせる学校の公共性のありかたが作用している。本田由紀は、日本の学校には、相対的で一元的な能力観と、特定のふるまいや考え方を全体に要請する力学をもとに人間の望ましさをとらえる土壌があることを指摘している。この土壌は、学校の公共性の基盤に大きな影響をあたえていると考えられる。

共通の内容を教えることによるネガティブなイメージを払拭させるためには、同質性の強調や「競争の教育」を引きおこす学校の土壌の組み替えが欠かせない。そのためには、多様な存在や価値観が著しく優劣をつけられることなく共にある状態を学校の公共性と措定《そてい》して、公共性そのものを「教える」という、介入性の「よさ」が根拠づけられるような、公共性論の構築が課題となろう。

あとがき

本書の刊行の準備中に、「戦後」の学校と社会を考える上で、二つの象徴的な出来事があった。

一つは、戦後の教育の出発を象徴する「山びこ学校」の実践者である無着成恭氏が二〇二三年の七月に亡くなられたことだ。無着氏はのちに、しっかりとした知識を身につけることを重視する本書でも取り上げた「にっぽんご」の授業実践に邁進し、「山びこ学校」を自己批判する。さらにその後「いのちの授業」に舵を切り、教育界や関係者から批判を受けることにもなった。最後には教育畑から僧侶に転身する。『中央公論』誌(二〇二三年一一月号)に追悼を兼ねて無着氏の教育実践の展開をたどる機会があったが(「戦後教育の羅針盤となった「山びこ学校」」)、葛藤を抱えた氏の歩みに、生きられた戦後の社会と教育(学校)の関係をうかがうことができた。

もう一つは、「はじめに」でも触れたように、二四年の三月をもっていわゆる団塊の世代が後期高齢者となったことである。よきにつけても悪しきにつけても、戦後の社会の形成にこの世代の人口の塊が大きく関与したことは事実であろう。本書で、この世代が中学校を卒業する時点に焦点を定め、教育を権利としてとらえ機会の均等を宣言した教育の理念が圧倒的な人口の塊の前に軋轢を生み、戦後の学校の実像を築いていった過程に注目した。その後も、就職や大学進学、さらに出産、育児子育てと、その時期その時期の常識を大きく塗り替えていった。

一人の教師のあゆみと団塊の世代のあゆみ。戦後の教育や学校を考えるうえで欠かせないこのミクロとマクロのあゆみが一つの区切りをむかえる時期に本書を執筆することになったが、作業を通して、新しい段階への胎動が大きくなっていることを改めて確認することができた。

二一世紀を迎えてから四半世紀、学校の前提が大きく変わっている。生活から距離を取って成立する近代学校の場。学級とそこでの文化・人間関係をもとに成立している「日本の学校」。平等を軸とした権利としての教育と機会均等をもとに出発した戦後の学校。どの層も大きく動揺しており、いずれも自明ではなくなってきている。学校は、蓄積してきた事実を踏まえながら、今後の処方箋を書くことが強く求められていると考える。

私事だが、長年勤務した一橋大学を退職し一昨年から青山学院大学に職場が移った。前職の社会学研究科(社会学部)は、社会科学の諸科学(social sciences)が集まり日常的に刺激を受けるありがたい環境であったと同時に、自らの学問における認識論と方法論がいつも問われる緊張感も感じてきた。教育研究のエリアでは「教育と社会の学」を標榜し、教育と社会との関係を、教育の事実の解明と「よりよい教育」という価値の追究という二つの緊張関係の中で深めるというコンセプトをもとに、刺激し合いながら研究を進めてきた。本書もその上に成り立っており、一橋大学の場で出会ったみなさんに改めて深く謝意を表したい。

新しい職場は、コミュニティ人間科学部という全国で唯一のユニークな部局である。これから未来に向けての新しい学問を切り開いていく場の一員に迎えていただき、自分のなかで人間形成とコミュニティという研究領域を広げる機会を得た。成員のみなさんに感謝したい。なお、この書はＪＳＰＳ科学研究費研究の成果の一部を反映している(21K02166, 21K18530, 23K02143, 23K02155, 24K05610)。

執筆に際しては、関連の専門家に事実の確認や助言をいただいた。みなさんのおかげで踏み込みを深められたことに厚く御礼を申し上げる。

「〈教育と社会〉研究会」をはじめとするさまざまな研究会や一橋大学の最終講義の場での議論に参加していただいたみなさん、筆者の勤務校(一橋大学、青山学院大学)の受講されたみなさん、また、この間、勤務校以外に、大阪大学(学部、大学院)、東京大学(大学院)、國學院大學(学部)、東洋大学(大学院)、飯田市歴史研究所、青山学院大学公開講座などで本書の内容を含めて講じたが、そこに参加してくださった受講生のみなさんに、合わせて感謝の意を記しておきたい。聞き手との関係(質問はもとより表情も含めて)が本書の構成に影響を与えている。

今回の編集担当は飯田建さんであった。何度も足を運んで献身的に背中を押していただき三月の刊行に間に合わせることができた。改めて御礼を述べたい。

木村　元

二〇二五年一月

岩波新書新赤版一〇〇〇点に際して

ひとつの時代が終わったと言われて久しい。だが、その先にいかなる時代を展望するのか、私たちはその輪郭すら描きえていない。二〇世紀から持ち越した課題の多くは、未だ解決の緒を見つけることのできないままであり、二一世紀が新たに招きよせた問題も少なくない。グローバル資本主義の浸透、憎悪の連鎖、暴力の応酬——世界は混沌として深い不安の只中にある。

現代社会においては変化が常態となり、速さと新しさに絶対的な価値が与えられた。消費社会の深化と情報技術の革命は、種々の境界を無くし、人々の生活やコミュニケーションの様式を根底から変容させてきた。ライフスタイルは多様化し、一面では個人の生き方をそれぞれが選びとる時代が始まっている。同時に、新たな格差が生まれ、様々な次元での亀裂や分断が深まっている。社会や歴史に対する意識が揺らぎ、普遍的な理念に対する根本的な懐疑や、現実を変えることへの無力感がひそかに根を張りつつある。そして生きることに誰もが困難を覚える時代が到来している。

しかし、日常生活のそれぞれの場で、自由と民主主義を獲得し実践することを通じて、私たち自身がそうした閉塞を乗り超え、希望の時代の幕開けを告げてゆくことは不可能ではあるまい。そのために、いま求められていること——それは、個と個の間で開かれた対話を積み重ねながら、人間らしく生きることの条件について一人ひとりが粘り強く思考することではないか。その営みの糧となるものが、教養に外ならないと私たちは考える。歴史とは何か、よく生きるとはいかなることか、世界そして人間はどこへ向かうべきなのか——こうした根源的な問いとの格闘が、文化と知の厚みを作り出し、個人と社会を支える基盤としての教養となった。まさにそのような教養への道案内こそ、岩波新書が創刊以来、追求してきたことである。

岩波新書は、日中戦争下の一九三八年一一月に赤版として創刊された。創刊の辞は、道義の精神に則らない日本の行動を憂慮し、批判的精神と良心的行動の欠如を戒めつつ、現代人の現代的教養を刊行の目的とする、と謳っている。以後、青版、黄版、新赤版と装いを改めながら、合計二五〇〇点余りを世に問うてきた。そして、いままた新赤版が一〇〇〇点を迎えたのを機に、人間の理性と良心への信頼を再確認し、それに裏打ちされた文化を培っていく決意を込めて、新しい装丁のもとに再出発したいと思う。一冊一冊から吹き出す新風が一人でも多くの読者の許に届くこと、そして希望ある時代への想像力を豊かにかき立てることを切に願う。

（二〇〇六年四月）

木村　元
1958年石川県に生まれる
1990年東京大学大学院教育学研究科博士課程単位取得退学
専攻—教育学，教育史
現在—青山学院大学コミュニティ人間科学部特任教授，一橋大学名誉教授
著書—『人口と教育の動態史』(多賀出版)，『日本の学校受容』(勁草書房)，『近代日本の人間形成と学校』(クレス出版)，『境界線の学校史』(東京大学出版会，以上編著)，『教育から見る日本の社会と歴史』(八千代出版)，『青年の社会的自立と教育』(大月書店，以上共編著)，『教育科学の誕生』(大月書店)，『教育文化の日本的特性』(多賀出版)，『教育学をつかむ(改訂版)』(有斐閣)，『戦時下学問の統制と動員』(東京大学出版会，以上共著)，『人間形成と社会』(資料集成〔3期全21巻〕クレス出版，監修)ほか

学校の戦後史 新版　　岩波新書(新赤版)2056

2025年3月19日　第1刷発行

著　者　木《き》村《むら》　元《はじめ》

発行者　坂本政謙

発行所　株式会社 岩波書店
〒101-8002 東京都千代田区一ツ橋2-5-5
案内 03-5210-4000　営業部 03-5210-4111
https://www.iwanami.co.jp/

新書編集部 03-5210-4054
https://www.iwanami.co.jp/sin/

印刷・理想社　カバー・半七印刷　製本・中永製本

ISBN 978-4-00-432056-2　　Printed in Japan

主要参考文献

本文のなかで言及した文献をはじめ，執筆にあたって参考にしたものを掲げた．その他，ここでは紙幅の関係からすべては挙げられないが，多くの文献に教えられたことを付記しておく(各章ごとに刊行年代順に配列．章をまたいでいるものは原則として一括した)．なお，入手しやすいものを優先的に記した．

序 章

トロウ，M.(天野郁夫他訳)『高学歴社会の大学』東京大学出版会，1976年
久冨善之『競争の教育』労働旬報社，1993年
保坂亨『学校を欠席する子どもたち』東京大学出版会，2000年
田中萬年『生きること・働くこと・学ぶこと』技術と人間，2002年
木村元編『人口と教育の動態史』多賀出版，2005年
橋本紀子ほか編『青年の社会的自立と教育』大月書店，2011年
加藤美帆『不登校のポリティクス』勁草書房，2012年
増田修治・井上恵子「「学級がうまく機能しない状況」(いわゆる「学級崩壊」)の実態調査と克服すべき課題」『白梅学園大学・短期大学教職課程研究』第3号，2020年
木村元編『教育学(第8版)』医学書院，2021年
文部科学省初等中等教育局児童生徒課「令和5年度 児童生徒の問題行動・不登校等生徒指導上の諸課題に関する調査結果について」2024年

第1章

『出隆自伝』出隆著作集，第7巻，勁草書房，1963年
廣重徹『科学の社会史』中央公論社，1973年
日本学校保健会編『学校保健百年史』第一法規出版，1973年
杉浦守邦『養護教員の歴史』東山書房，1974年
石川松太郎『藩校と寺子屋』教育社，1978年
仲新ほか編『近代日本教科書教授法資料集成』第1巻，東京書籍，1982年
平原春好・寺﨑昌男編『教育小事典』学陽書房，1982年

主要参考文献

田嶋一「民衆社会の子育ての文化とカリキュラム」『叢書・産育と教育の社会史 2』新評論，1983 年
佐藤秀夫『学校ことはじめ事典』小学館，1987 年
誠之学友会編『誠之が語る近現代教育史』誠之学友会，1988 年
久木幸男『日本古代学校の研究』玉川大学出版部，1990 年
花井信「日本義務教育制度成立史論」牧柾名編『公教育制度の史的形成』梓出版社，1990 年
清水康幸ほか編「資料教育審議会(総説)」『野間教育研究所紀要』第 34 集，1991 年
安丸良夫『近代天皇像の形成』岩波書店，1992 年
宮澤康人「学校を糾弾するまえに」佐伯胖ほか編『学校の再生をめざして 1』東京大学出版会，1992 年
モラエス，W.(花野富蔵訳)『日本精神』講談社，1992 年
高津勝『日本近代スポーツ史の底流』創文企画，1994 年
土方苑子『近代日本の学校と地域社会』東京大学出版会，1994 年
寺崎弘昭「教育と学校の歴史」藤田英典ほか『教育学入門』岩波書店，1997 年
ハミルトン，D.(安川哲夫訳)『学校教育の理論に向けて』世織書房，1998 年
成田忠久監修(戸田金一ほか編集)『手紙で綴る北方教育の歴史』教育史料出版会，1999 年
豊田ひさき『小学校教育の誕生』近代文芸社，1999 年
上野淳『未来の学校建築』岩波書店，1999 年
吉見俊哉ほか『運動会と日本近代』青弓社，1999 年
中内敏夫『民衆宗教と教員文化』藤原書店，2000 年
佐藤学「学校という装置」栗原彬ほか編『越境する知 4』東京大学出版会，2000 年
木村元ほか「教員文化の形成」久冨善之編著『教員文化の日本的特性』多賀出版，2003 年
近藤真庸『養護教諭成立史の研究』大修館書店，2003 年
佐藤秀夫(小野雅章ほか編)『教育の文化史』1-4 巻，阿吽社，2004-05 年
柳治男『〈学級〉の歴史学』講談社，2005 年
三上敦史『近代日本の夜間中学』北海道大学図書刊行会，2005

年
小松佳代子『社会統治と教育』流通経済大学出版，2006 年
天野郁夫『増補 試験の社会史』平凡社，2007 年
寺﨑昌男『東京大学の歴史』講談社，2007 年
ドーア，R. P.（松居弘道訳）『学歴社会』岩波書店，2008 年
板倉聖宣『増補 日本理科教育史』仮説社，2009 年
大崎功雄『教育研究報告及び資料 5　近代ドイツにおける「学校システム」の定型化過程と教育方法の改革』（北海道教育大学旭川校学校教育講座・教育学教室），2010 年
杉村美佳『明治初期における一斉教授法受容過程の研究』風間書房，2010 年
木村元編『日本の学校受容』勁草書房，2012 年
柏木敦『日本近代就学慣行成立史研究』学文社，2012 年
辻本雅史『「学び」の復権』岩波書店，2012 年
有本真紀『卒業式の歴史学』講談社，2013 年
コメニウス J. A.（太田光一訳）『パンパイデア（コメニウス・セレクション）』東信堂，2015 年
木村元ほか『教育学をつかむ（改訂版）』有斐閣，2019 年

第 2 章

肥田野直・稲垣忠彦編『教育課程総論』（戦後日本の教育改革 6）東京大学出版会，1971 年
国立教育研究所編『日本近代教育百年史』3–6 巻，1974 年
山住正己・堀尾輝久『教育理念』（戦後日本の教育改革 2）東京大学出版会，1976 年
中内敏夫ほか『教育のあしおと』平凡社，1977 年
大田堯編『戦後日本教育史』岩波書店，1978 年
日本臨床心理学会編『戦後特殊教育・その構造と論理の批判』社会評論社，1980 年
土持ゲーリー法一『米国教育使節団の研究』玉川大学出版部，1991 年
清原道寿『中学校技術教育の成立と課題』国土社，1991 年
片岡栄美「戦後社会変動と定時制高校」『関東学院大学文学部紀要』第 68 号，1993 年
アメリカ教育使節団編（藤本昌司ほか訳）『戦後教育の原像』鳳書

房，1995年
無着成恭『山びこ学校』岩波書店，1995年
荻原克男『戦後日本の教育行政構造』勁草書房，1996年
鈴木英一・平原春好編『資料 教育基本法50年史』勁草書房，1998年
小林文人「教育基本法と沖縄」『教育学研究』第65巻第4号，1998年
三羽光彦『六・三・三制の成立』法律文化社，1999年
山口満編『新版 特別活動と人間形成』学文社，2001年
望田幸男『ナチスの国の過去と現在』新日本出版社，2004年
佐野眞一『遠い「山びこ」』新潮社，2005年
小山静子ほか編『戦後公教育の成立』世織書房，2005年
福井雅英『本郷地域教育計画の研究』学文社，2005年
木村元「漁村における草創期の新制中学校」『〈教育と社会〉研究』16号，2006年
小国喜弘『戦後教育のなかの〈国民〉』吉川弘文館，2007年
板橋文夫ほか『勤労青少年教育の終焉』随想舎，2007年
倉石一郎『包摂と排除の教育学』生活書院，2009年
船橋一男「戦後新教育とコア・カリキュラム」木村元編『近代日本の人間形成と学校』クレス出版，2013年
浅野慎一「戦後日本における夜間中学の卵生と確立」『神戸大学大学院人間発達環境学研究科研究紀要』第7巻2号，2014年
江口怜「夜間中学から見る戦後日本社会」木村元編『日本における学校化社会の形成過程』文部科学省科学研究費補助金研究成果報告書，2015年
呉永鎬「戦後日本の外国人教育政策の展開」前掲『日本における学校化社会の形成過程』
広田照幸編『歴史としての日教組』(上・下巻)名古屋大学出版会，2020年
高瀬雅弘「戦後開拓地における学校と地域社会(3)」『弘前大学教育学部紀要』第125号，2021年

第3章
東井義雄『村を育てる学力』明治図書，1957年
永田時雄『都市の子どもと学力』明治図書，1959年

三木雄一「内申書廃止について」全国進路指導研究会編『進路指導と高校全入』40号，1974年
イリッチ，I.(東洋，小澤周三訳)『脱学校の社会』東京創元社，1977年
グッドマン，P.(片岡徳雄訳)『不就学のすすめ』福村出版，1979年
佐々木享『高校教育の展開』大月書店，1979年
カミングス，W. K.(友田泰正訳)『ニッポンの学校』サイマル出版会，1981年
安井俊夫『子どもが動く社会科』地歴社，1982年
鳥山敏子『いのちに触れる』太郎次郎社，1985年
乾彰夫『日本の教育と企業社会』大月書店，1990年
須藤敏昭「「日本型高学力」をどうみるか」教育科学研究会「現代社会と教育」編集委員会『講座・現代社会と教育』第4巻，大月書店，1993年
佐々木享編『普通教育と職業教育』(日本の教育課題 第8巻)東京法令出版，1996年
金森俊朗・村井淳志『性の授業 死の授業』教育史料出版会，1996年
加瀬和俊『集団就職の時代』青木書店，1997年
苅谷剛彦ほか編『学校・職安と労働市場』東京大学出版会，2000年
田中耕治編『新しい教育評価の理論と方法』1巻，日本標準，2002年
渡辺治編『高度成長と企業社会』吉川弘文館，2004年
加瀬和俊「農村と地域の変貌」歴史学研究会・日本史研究会編『日本史講座』第10巻，東京大学出版会，2005年
苅谷剛彦『教育と平等』中央公論新社，2006年
原武史『滝山コミューン一九七四』講談社，2010年
乾彰夫『〈学校から仕事へ〉の変容と若者たち』青木書店，2010年
水原克敏『学習指導要領は国民形成の設計書』東北大学出版会，2010年
橋本紀子「農村社会における〈学校から職業社会への移行〉」前掲『青年の社会的自立と教育』大月書店，2011年

菅山真次『「就社」社会の誕生』名古屋大学出版会，2011 年
小林哲夫『高校紛争 1969–1970』中央公論新社，2012 年
木村元「戦後教育と地域社会」安田常雄編『社会を消費する人びと』(戦後日本社会の歴史 第 2 巻)岩波書店，2013 年
香川めいほか『〈高卒当然社会〉の戦後史』新曜社，2014 年
松田洋介「「閉じられた競争」の成立と進路指導問題の変容」『教育目標・評価学会紀要』第 24 号，2014 年
山田宏「工業高校の制度的展開と卒業者の職業生活」前掲『日本における学校化社会の形成過程』

第 4 章

藤田和也『アメリカの学校保健とスクールナース』大修館書店，1995 年
高橋幸恵「学校における異文化・多文化教育の実際」一橋大学社会学部『地域社会の国際化』(特定研究報告書)1996 年
藤田英典『教育改革』岩波書店，1997 年
藤田和也『養護教諭の教育実践の地平』東山書房，1999 年
中西新太郎『思春期の危機を生きる子どもたち』はるか書房，2001 年
菊地栄治・永田佳之「オルタナティブな学び舎の社会学」『教育社会学研究』第 68 集，2001 年
岡部恒治ほか編『算数ができない大学生』東洋経済新報社，2001 年
ジョーンズ，G. ほか(宮本みち子監訳)『若者はなぜ大人になれないのか』新評論，2002 年
大内裕和『教育基本法改正論批判』白澤社，2003 年
ウィッティ，G.(堀尾輝久ほか監訳)『教育改革の社会学』東京大学出版会，2004 年
渡辺治編『変貌する〈企業社会〉日本』旬報社，2004 年
久冨善之「「新・競争の教育」と企業社会の展開」前掲『変貌する〈企業社会〉日本』
本田由紀『多元化する「能力」と日本社会』NTT 出版，2005 年
広田照幸『教育不信と教育依存の時代』紀伊國屋書店，2005 年
荒井克弘ほか編著『高校と大学の接続』玉川大学出版部，2005 年

奥地圭子『不登校という生き方』NHK ブックス，2005 年
高橋勝『情報・消費社会と子ども』明治図書，2006 年
日本特別ニーズ教育学会編『テキスト 特別ニーズ教育』ミネルヴァ書房，2007 年
藤田英典編『誰のための「教育再生」か』岩波書店，2007 年
児美川孝一郎『権利としてのキャリア教育』明石書店，2007 年
ウィッティ，G. ほか「近年の教育改革を超えて」久冨善之編著『教師の専門性とアイデンティティ』勁草書房，2008 年
山下英三郎ほか編（日本スクールソーシャルワーク協会編）『スクールソーシャルワーク論』学苑社，2008 年
佐貫浩・世取山洋介編『新自由主義教育改革』大月書店，2008 年
本田由紀『教育の職業的意義』筑摩書房，2009 年
内藤朝雄『いじめの構造』講談社，2009 年
奥地圭子『子どもをいちばん大切にする学校』東京シューレ出版，2010 年
松下佳代『〈新しい能力〉は教育を変えるか』ミネルヴァ書房，2010 年
クリック，B.（関口正司監訳）『シティズンシップ教育論』法政大学出版局，2011 年
佐貫浩『危機のなかの教育』新日本出版社，2012 年
小玉重夫『学力幻想』筑摩書房，2013 年
小方直幸「大学における職業準備教育の系譜と行方」広田照幸ほか編『教育する大学』（シリーズ大学 5）岩波書店，2013 年
笠潤平『原子力と理科教育』岩波書店，2013 年
王美玲「フリースクールの転換と不登校特区のカリキュラム」『やまぐち地域社会研究』11，2013 年
本田由紀『社会を結びなおす』岩波書店，2014 年
阿部彩『子どもの貧困 II』岩波書店，2014 年
倉石一郎『アメリカ教育福祉社会史序説』春風社，2014 年
志水宏吉ほか編著『日本の外国人学校』明石書店，2014 年
小玉重夫「近年のシティズンシップ教育の動向」『中等教育資料』2014 年 12 月号
東京大学教育学部カリキュラム・イノベーション研究会『カリキュラム・イノベーション』東京大学出版会，2015 年

松尾知明「知識社会とコンピテンシー概念を考える」『教育学研究』第 83 巻第 2 号，2016 年
呉永鎬『朝鮮学校の教育史』明石書店，2019 年
OECD 編『図表でみる教育　OECD インディケータ(2023 年版)』明石書店，2023 年

第 5 章

田中実編『明治図書講座　学校教育 5・理科』明治図書，1957 年
真船和夫『戦後理科教育研究運動史』新生出版，1979 年
柄谷行人『探究 II』講談社，1994 年
朴三石『外国人学校』中央公論新社，2008 年
福田誠治『国際バカロレアとこれからの大学入試改革 知を創造するアクティブ・ラーニング』亜紀書房，2015 年
山内道雄ほか『未来を変えた島の学校 隠岐島前発 ふるさと再興への挑戦』岩波書店，2015 年
木村元「少子高齢化社会と教育の課題」教育社会学会編『教育社会学のフロンティア 1』岩波書店，2017 年
森田朗監修『日本の人口動向とこれからの社会』東京大学出版会，2017 年
國分功一郎『中動態の世界』医学書院，2017 年
樋田大二郎・樋田有一郎『人口減少社会と高校魅力化プロジェクト』明石書店，2018 年
矢野眞和ほか編『高専教育の発見』岩波書店，2018 年
岩崎久美子『国際バカロレアの挑戦』明石書店，2018 年
ビースタ，G. J. J.(上野正道監訳)『教えることの再発見』東京大学出版会，2018 年
佐藤晴雄『コミュニティ・スクール(増補改訂版)』エイデル研究所，2019 年
高嶋真之「戦後日本の学習塾をめぐる教育政策の変容」『日本教育政策学会年報』第 26 号，2019 年
額賀美紗子，芝野淳一，三浦綾希子編『移民から教育を考える』ナカニシヤ出版，2019 年
永田佳之編『変容する世界と日本のオルタナティブ教育』世織書房，2019 年
橋本憲幸「国際教育開発論の思想課題と批判様式」『教育学研究』

86-4，2019 年
寺沢拓敬『小学校英語のジレンマ』岩波書店，2020 年
野口友康『フル・インクルーシブ教育の実現にむけて』明石書店，2020 年
木村元編『境界線の学校史』東京大学出版会，2020 年
大桃敏行・背戸博史編『日本型公教育の再検討』岩波書店，2020 年
柴田聡史「学校教育の担い手として保護者・住民」前掲『日本型公教育の再検討』岩波書店
神代健彦『「生存競争（サバイバル）」教育への反抗』集英社，2020 年
浅野大介『教育 DX で「未来の教室」をつくろう』学陽書房，2021 年
教育目標・評価学会編『〈つながる・はたらく・おさめる〉の教育学』日本標準，2021 年
松下佳代・木村元「〈つながる・はたらく・おさめる〉の教育学の地平」前掲『〈つながる・はたらく・おさめる〉の教育学』（松下執筆分）
佐藤学『第四次産業革命と教育の未来』岩波書店，2021 年
木村元「問われる公教育の基盤」『教職研修』12 月号，2021 年
木村元「公教育の責任をめぐって」『教職研修』1 月号，2022 年
江口怜『戦後日本の夜間中学』東京大学出版会，2022 年
月刊イオ編集部『新版 日本の中の外国人学校』明石書店，2022 年
ヨシイ オリバレス ラファエラ「在日ブラジル学校の高校生の「穴埋め」型進路形成」『異文化間教育』第 55 号，2022 年
山根俊喜ほか編『学びが地域を創る』学事出版，2022 年
原俊彦『サピエンス減少』岩波書店，2023 年
赤木和重「インクルーシブ教育における「通常学級の改革」の課題と展望」『SNE ジャーナル』第 29 巻第 1 号，2023 年
杉本均・小島美月「日本におけるインド系学校の役割」京都大学大学院教育学研究科紀要　第 69 号，2023 年
森直人ほか編『「多様な教育機会」から問う（公教育の再編と子どもの福祉）』明石書店，2024 年
樋口くみ子「教育支援センター（適応指導教室）の排除／包摂の構

造とプロセス」立教大学博士論文，2024 年
石井英真『教育「変革」の時代の羅針盤』教育出版，2024 年
佐久間亜紀『教員不足』岩波書店，2024 年
木村元「「〈教育と社会〉の学」としての教育学」『〈教育と社会〉研究』第 34 号，2024 年
木村元「学校と地域の関係史」『飯田市歴史研究所年報』22，2025 年

終 章

佐藤秀夫「明治期における「学級」の成立過程」『教育』6 月号，1970 年
中内敏夫「普通教育とは何か」『「教室」をひらく』藤原書店，1998 年
東京大学社会科学研究所編『二〇世紀システム』東京大学出版，1998 年
安丸良夫「二〇世紀」加藤哲郎・渡辺雅男編『一橋大学国際シンポジウム二〇世紀の夢と現実』彩流社，2002 年
宮寺晃夫『教育の正義論』勁草書房，2014 年
園山大祐編『教育の大衆化は何をもたらしたか』勁草書房，2016 年
本田由紀『教育は何を評価してきたのか』岩波書店，2020 年
園山大祐編『学校を離れる若者たち』ナカニシヤ出版，2021 年

図版出典一覧

図 0–1，図 0–3〜0–5　文部(科学)省『学校基本調査報告書』(各年度)

図 0–2　同上および文部省調査局統計課「公立小学校・中学校長期欠席児童生徒調査」(1952–58 年)，ならびに文部科学省初等中等教育局児童生徒課「児童生徒の問題行動・不登校等生徒指導上の諸課題に関する調査」(2015 年以降)

表 0–1　「茨城県教育調査速報」(1950 年 1 月 25 日)，富田竹三郎「漁村及び農村中学校の長期欠席生徒について」『教育社会学研究』第 1 集 1951 年所収

図 1–1　Seaborne, M., *The English School: its architecture and organization 1370–1870*, University of Toronto Press, Toronto and Buffalo, 1971, Plate 120.(from J. Hamel, *L'enseignement mutuel*, Paris, 1818)

図 1–2　ハミルトン，D.(安川哲夫訳)『学校教育の理論に向けて』世織書房，1998 年，112 頁．(Wilderspin, S., A System for the Education of the Young, London, 1840, グラスゴー大図書館所蔵)

図 1–3　「寺子屋の図」『福井県史通史編 4(近世 2)』1996 年，659 頁(福井県立大野高等学校図書館所蔵)

図 1–4　青木輔清編『師範学校改正小学教授方法』(仲新ほか編『近代日本教科書教授法資料集成』第 1 巻，東京書籍，1982 年，77 頁)

図 1–5　「110 年スコープ」誠之学友会編『誠之が語る近現代教育史』1988 年，2–3 頁を修正

図 1–6　『日本史 B　改訂版』三省堂，2008 年

図 1–7，図 2–2　「学校系統図」昭和 19 年，昭和 24 年，文部省『学制百年史(資料編)』1972 年，一部修正

図 2–4　「教育課程「領域」の変遷」文部(科学)省『学習指導要領』(各年度)

表 3–1　「中学校教育課程の変遷」前掲『学習指導要領』(各年度)

図 3–1　山田宏『教育課程の意図と実際から見た高校工業教育』大空社出版，2025 年刊行予定

図 5–1　文部科学省『諸外国の教育統計　令和 6(2024)年版』

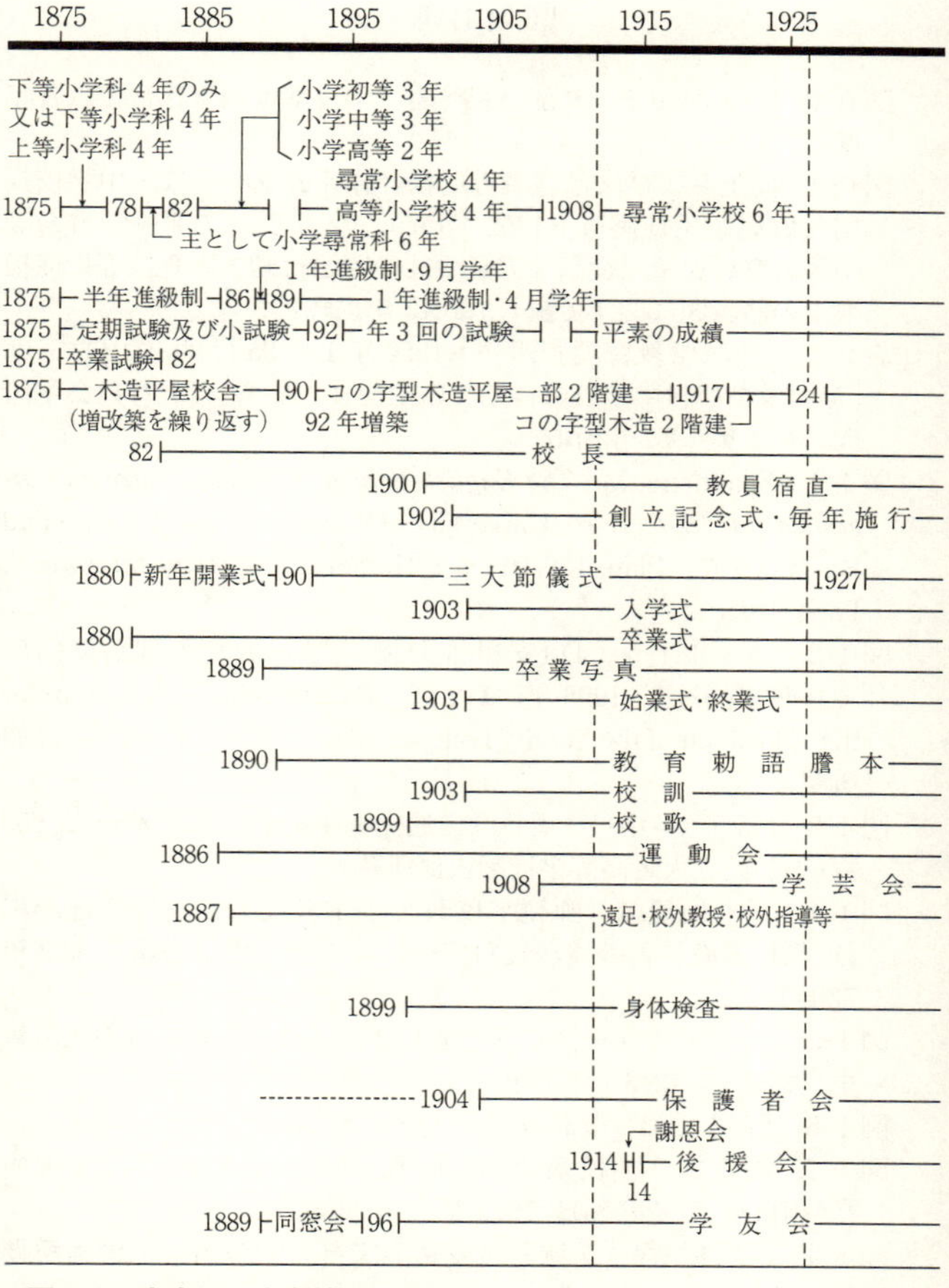

図 1–5　東京の一小学校の一世紀

出所）『誠之が語る近現代教育史』

註）図中の数字は始まりの年，変化のあった年，終わりのあった年を示している．点線部ははっきりしない部分を示す．

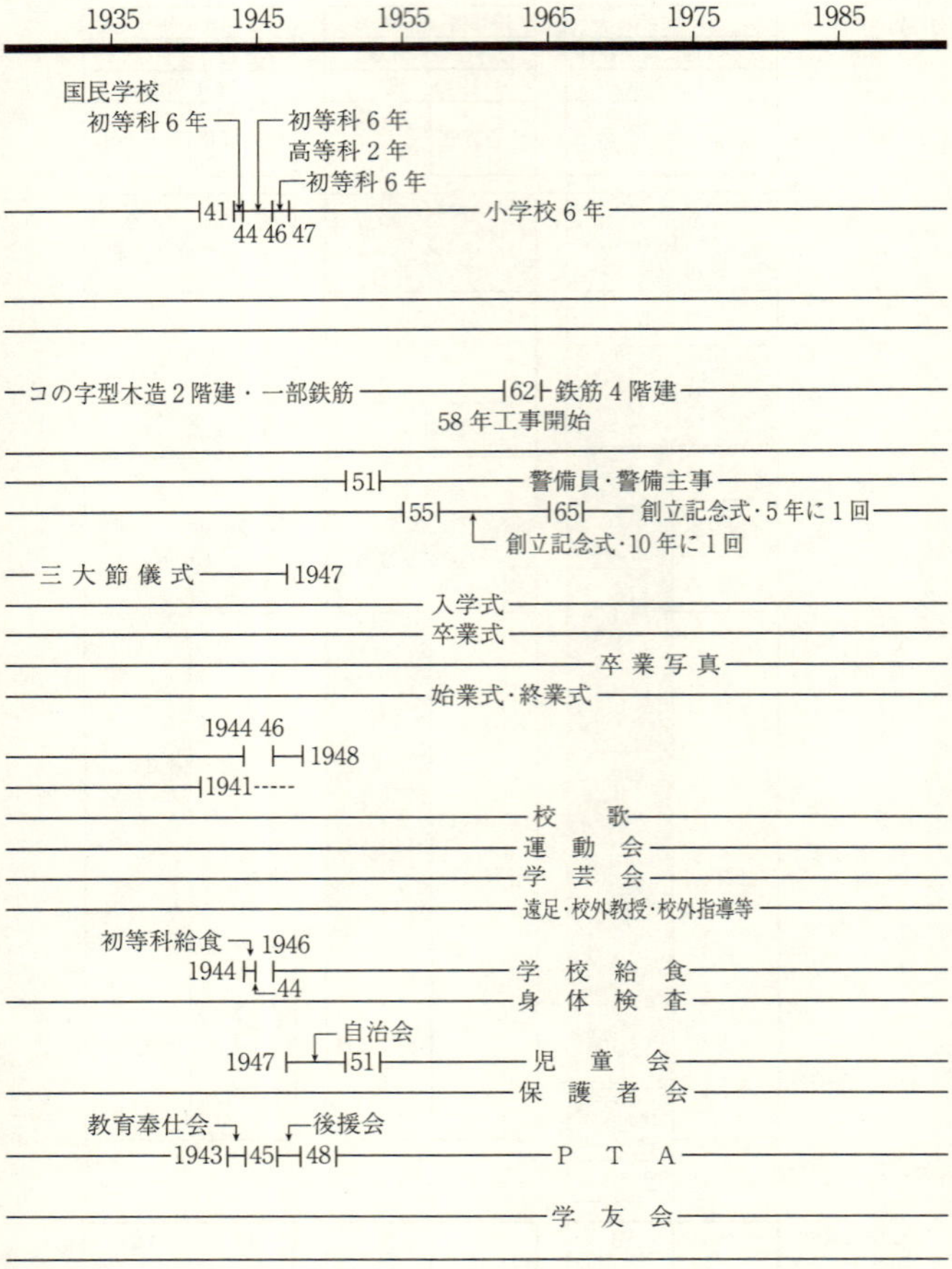
1935 1945 1955 1965 1975 1985
国民学校
初等科6年
初等科6年
高等科2年
初等科6年
41 44 46 47
小学校6年
コの字型木造2階建・一部鉄筋
62 鉄筋4階建
58年工事開始
51 警備員・警備主事
55 65 創立記念式・5年に1回
創立記念式・10年に1回
三大節儀式 1947
入学式
卒業式
卒業写真
始業式・終業式
1944 46
1948
1941-----
校歌
運動会
学芸会
遠足・校外教授・校外指導等
初等科給食 1946
1944 44
学校給食
身体検査
自治会
1947 51
児童会
保護者会
教育奉仕会
後援会
1943 45 48
PTA
学友会

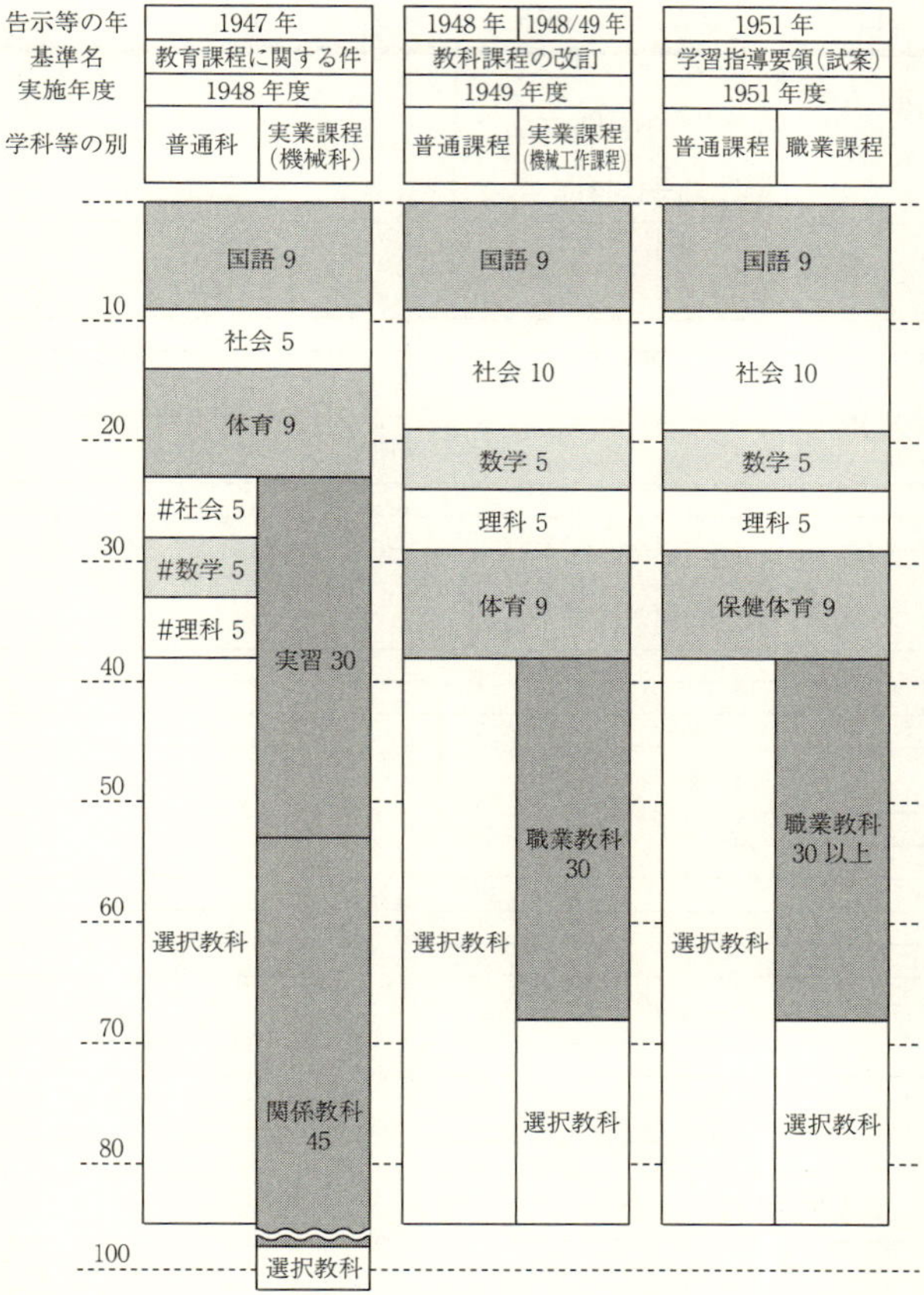

必修単位数合計	38	98	38	68	38	68
（普通教科）	38	23	38	38	38	38
（専門教科）	–	75	–	30	–	30
卒業単位数	85	(102~117)	85		85	

図 3-1　高校における履修教科・科目の変遷

出所）山田宏『教育課程の意図と実際から見た高校工業教育』を一部修正.

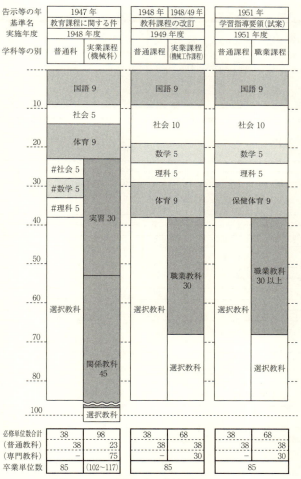

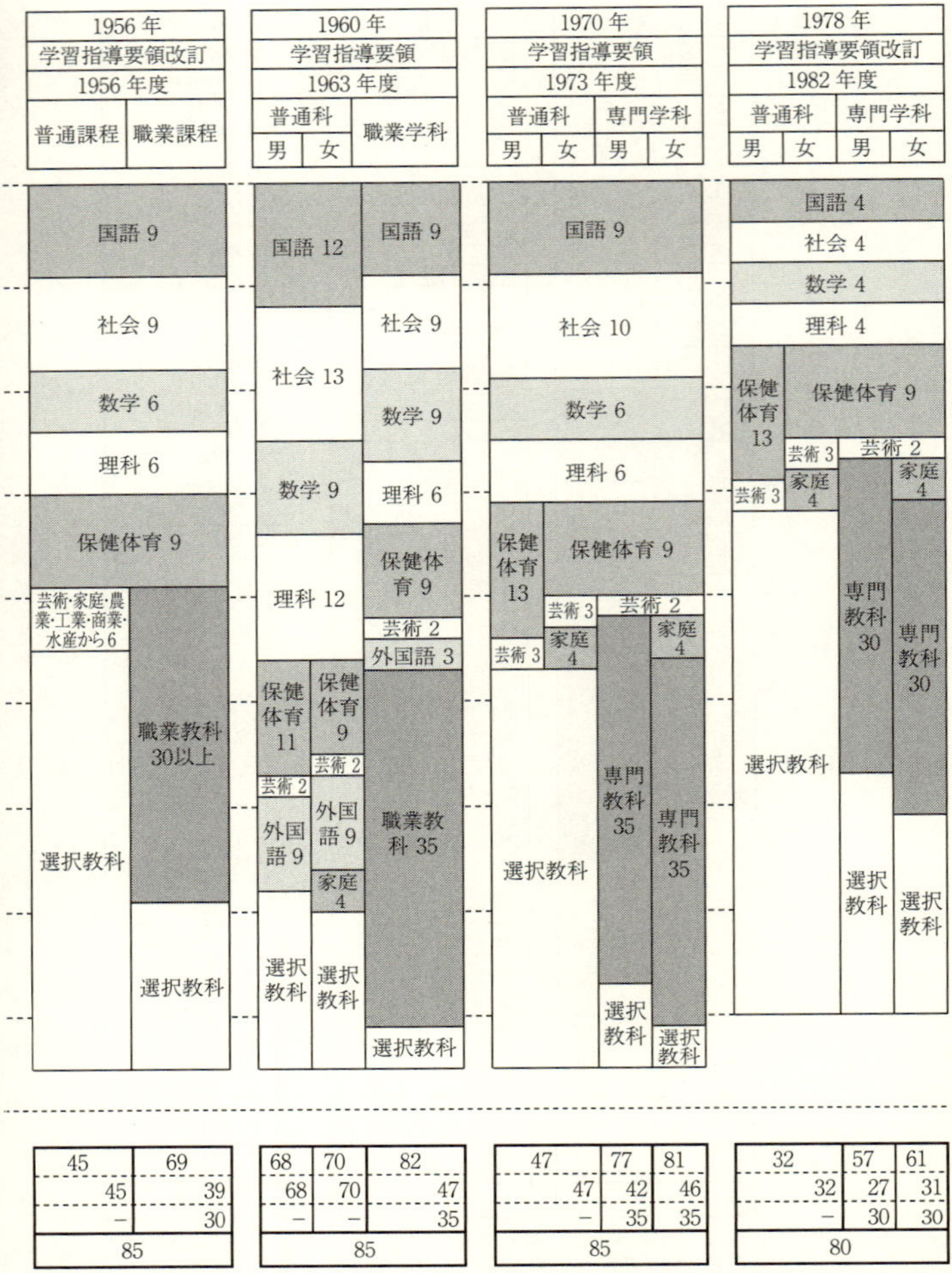

註）1.『学習指導要領』から作成．但し，1948年の教科課程中，実業課程(機械工作課程)の職業教科の必修単位数は，文部省(1949)『新制高等学校教科課程の解説』による．
2. 必修単位数に幅がある場合は，原則として最も少ない例を表示．但し，特に必要な場合等としてさらに減少できる場合については考慮していない．
3. 1947年の教育課程中の＃は，必修教科とされていないが，必修すべきものとされている．

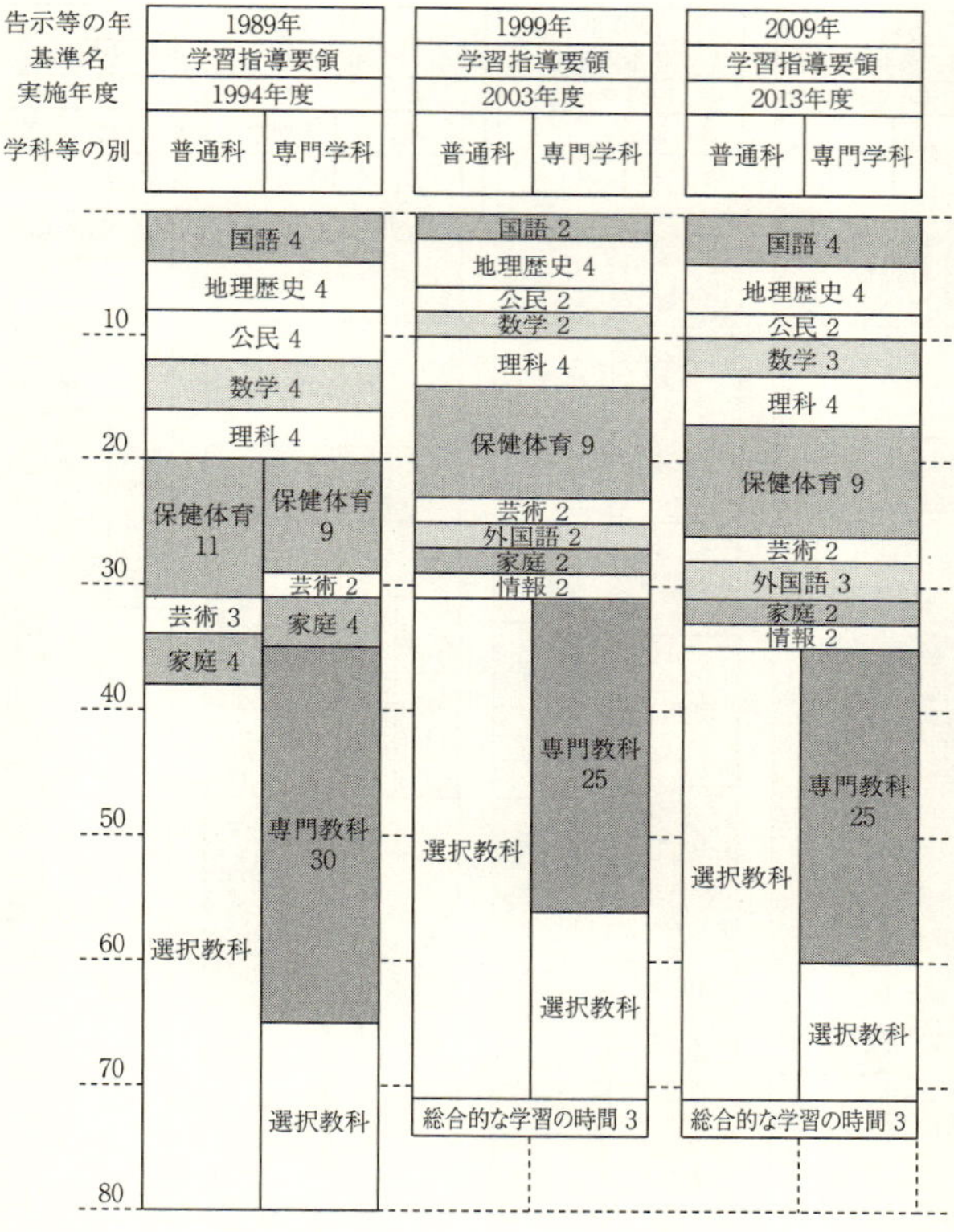

	1989年 普通科	1989年 専門学科	1999年 普通科	1999年 専門学科	2009年 普通科	2009年 専門学科
必修単位数合計	38	65	31	56	35	60
(普通教科)	38	35	31	31	35	35
(専門教科)	−	30	−	25	−	25
卒業単位数	80		74		74	

4. 商業科では，1951 年の教育課程以降，外国語 10 単位(99年の教育課程以降，5単位)を職業(専門)教科・科目に含めて可．その他の専門学科では，1978 年の教育課程以降，専門教科・科目と同様の成果が期待できる場合には，普通教科・科目 5 単位を前者に含めて可．
5. 1994 年度に発足した総合学科においては，この他に「産業社会と人間」2〜4 単位が原則として必修であり，専門教科・科目と合わせて 25 単位以上を設ける．

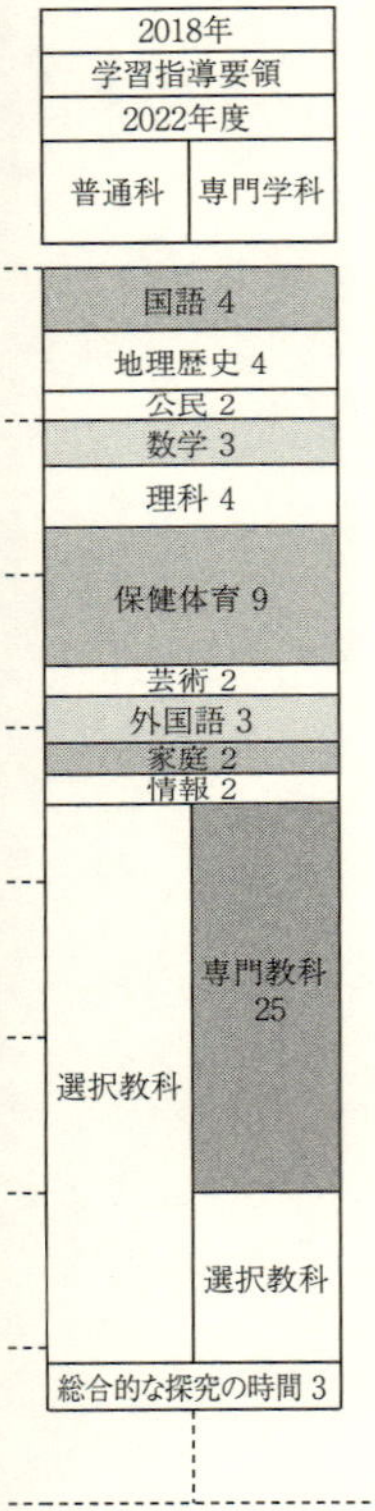

35	60
35	35
–	25
74	

6. 2009年及び18年の教育課程では，「総合的な学習（探究）の時間」3単位が必修とされているが，表中の必修単位数には含めていない．